Kung Fu (I)
功夫 (一)

只要功夫深，铁杵磨成针。

Zhǐyào gōngfu shēn, tiěchǔ móchéng zhēn.

With perseverance an iron pestle can be ground into a needle.
("Little strokes fell great oaks.")

Related Titles Published by The Chinese University Press

Business Chinese: An Advanced Reader
《商贸汉语高级读本》
By Songren Cui 崔颂人 著 (2002)

Chinese Language and Culture: An Intermediate Reader
《汉语与文化读本》
By Weijia Huang and Qun Ao
黄伟嘉、敖群 合著 (2002)

A Student Handbook for Chinese Function Words
《汉语虚词学习手册》
By Jiaying Howard 庄稼婴 著 (2002)

Talk Mandarin Today
By Hong Xiao (2002)

A Learners' Handbook of Modern Chinese Written Expressions
《现代汉语书面语学习手册》
By Yu Feng 冯禹 著 (2000)

A Guide to Proper Usage of Spoken Chinese
《汉语口语指引》
By Tian Shou-he (1996 second edition)

Chinese-English Dictionary
《汉英小字典》
Edited by Chik Hon Man and Ng Lam Sim Yuk
植汉民、吴林婵玉 合编
(1994 second edition)

A Practical Chinese Grammar
By Samuel Hung-nin Cheung,
in collaboration with Sze-yun Liu and Li-lin Shih (1994)

Fifty Patterns of Modern Chinese
By Dezhi Han (1993)

English-Cantonese Dictionary
《英粤字典》
Edited by New Asia—Yale-in-China Chinese Language Center,
The Chinese University of Hong Kong (1991)

Kung Fu (I)

功夫 (一)

Student Exercise Manual

By John C. Jamieson and Lin Tao

with the special collaboration of Zhao Shuhua

The Chinese University Press

Kung Fu (I): Student Exercise Manual
   By John C. Jamieson and Lin Tao,
   with the special collaboration of Zhao Shuhua

© The Chinese University of Hong Kong 2002

ISBN: 962–996–042–7

Published by The Chinese University Press,
   The Chinese University of Hong Kong,
   Sha Tin, N.T., Hong Kong.
   Fax: +852 2603 6692
        +852 2603 7355
   E-mail: cup@cuhk.edu.hk
   Web-site: www.chineseupress.com

Printed in Hong Kong

Contents
目 录

Introduction
简 介

This workbook contains two types of material for use by the student outside class: (1) Chinese script introduction and practice and (2) exercises on material introduced in each lesson of the *Kung Fu* text.

The *Kung Fu* exercises are self-explanatory. Chinese writing material includes:

- the standard simplified version of characters introduced in each lesson;
- stroke-by-stroke break down of each newly introduced character;
- the radical, or indicator, of each character; that is, the part of the character that indicates a general category of meaning and under which that character will be included in Chinese dictionaries;
- in the far right column, the traditional form 繁体 of the character, should it differ from the simplified; such forms are still used in Hong Kong and Taiwan;
- a gridded page for writing practice once correct stroke order, which should always be respected, has been learned.

Kung Fu is best used in class with an instructor. Since instructors will lead students through the correct and aesthetically acceptable manner of writing each character, no detail will be provided here. Abstract descriptions of the calligraphic approach are generally useful only to the initiated. For the beginner they are greatly less effective than following a good model. Still, the four hints below will be useful.

1. *Follow the stroke order as introduced.* It is most important to build a foundation on this standard. Later progression into more cursive writing depends on it.

2. *Write slowly at the outset.* Carefully watch the balance and flow of

each part of the model character. Put even pressure on your writing instrument. Beginners often poke strokes onto the page, as if they were doing an arithmetic problem, resulting in what looks more like a line of tic-tac-toe grids than Chinese.

3. *Think of your pen or pencil as a writing brush.* Beyond the predominant top-to-bottom, left-to-right writing pattern of a character, note the small ink swells or bulges at the beginning or end of any one stroke. They indicate that the writing instrument is momentarily held at that point before advancing, with an ever so light amount of pressure applied. It then goes on to complete a stroke and is gently lifted away from the paper surface. These moves, imitative of brush writing, are an ingrained part of character production with any writing instrument.

4. *Stay within the blocks.* Conceptually, Chinese is written in evenly spaced squares, with an equal amount of distance between each. All Chinese are taught from childhood to write in this manner. It is doubly important for the foreign learner, both for legibility and appropriateness of form. Again, later progression into more cursive writing depends on it.

Many instructors develop high pain thresholds for foreign learners' writing, assuming that it can never be more than marginally acceptable scrawl. This conception is self-fulfilling and a result of inadequate emphasis on a very few fundamentals and the necessity for constant practice. Learners should follow a teacher closely, absorb the four hints outlined above, and practice at every opportunity. Beyond this, select among the wide array of penmanship handbooks available in Chinese bookstores and model upon them. Near-native "fluidity" level in character writing is well within reach. It should be regarded as an integral part of competency in Chinese, a measure of one's overall communication ability.

汉字笔顺(stroke order)及练习

Radical

你	亻	丿	亻	仴	伜	伱	你		
是	日	丶	口	日	旦	早	早	昰	是
哪	口	丶	口	口	叩	叨	明	哪	哪
国	口	丨	门	冂	冃	用	国	国	国
人	人	丿	人						
好	女	乀	夕	女	如	奵	好		
吗	口	丶	口	口	叩	吗	吗		
我	戈	丿	二	手	手	我	我	我	
他	亻	丿	亻	仉	仲	他			
们	亻	丿	亻	亻	们				
谁	讠	丶	讠	讠	订	讠	讠	谁	谁
谁									
她	女	乀	夕	女	如	妞	她		
不	不	一	丆	不	不				
也	也	勹	也	也					
大	大	一	ナ	大					
卫	卫	乛	卫	卫					
山	山	丨	山	山					
本	木	一	十	才	木	本			
金	钅	丿	人	今	今	仐	余	金	金
中	中	丨	口	口	中				
一	一	一							

方	方	、	一	亠	方				
小	小	亅	小	小					
英	艹	一	艹	艹	苎	荁	苩	英	英
日	日	丨	冂	日	日				
韩	韦	一	十	古	古	古	直	卓	卓
		乾	乾	韩					
美	羊	、	丷	丷	丷	羊	羊	美	美

你									
是									
哪									
国									國
人									
好									
吗									嗎
我									
他									
们									們
谁									誰
她									
不									
也									
大									衛
卫									
山									
本									
金									
中									
一									

方小英日韩美

韩

作业

1. Fill in the blanks, on the basis of lesson context.

    根据课文内容填空：

    金中一不是日本人，也 ＿＿＿＿＿＿ 中国人，他是 ＿＿＿＿＿＿ 人。大

    卫不是＿＿＿＿＿＿人，他是 ＿＿＿＿＿＿ 人。方小英 ＿＿＿＿＿＿ 日本人，

    也 ＿＿＿＿＿＿韩国人，她 ＿＿＿＿＿＿ 中国人。

2. Convert the following into <u>ma</u> questions, then answer them in the negative.

    把下列句子改写成"吗"的疑问句并用否定式回答：

    例：他是山本。

    　　他是山本吗？

    　　他不是山本。

    (1)　她是方小英。

    (2)　金中一是中国人。

    (3)　她们是英国人。

3. Answer the following.

回答问题：

(1) 大卫是美国人吗？

(2) 方小英是韩国人不是？

(3) 她是不是金中一？她是谁？

(4) 你是哪国人？

(5) 山本不是英国人，大卫也不是英国人吗？

4. Change the following sentences into affirmative-negative questions.

把下列句子改成正反疑问句：

例：山本是日本人。

山本是不是日本人？

山本是日本人不是？

(1) 他是金中一。

(2) 方小英是中国人。

(3) 他们是美国人。

(4) 我们是韩国人。

汉字笔顺 (stroke order) 及练习

Radical

字	Radical									
六	八	、	亠	六	六					
班	王	ㄱ	二	王	王	玉	玑	玔	玨	班
		班								
的	白	ノ	イ	白	白	白	的	的	的	
学	子	、	゛	⺍	⺌	兴	学	学	学	
生		ノ	ノ	乍	生	生				
二	二	一	二							
三	一	一	二	三						
四	口	丨	冂	四	四	四	四			
五	一	一	丆	五	五					
七	一	一	七							
八	八	ノ	八							
九	ノ	ノ	九							
十	十	一	十							
这	辶	、	亠	文	文	文	这	这		
个	人	ノ	人	个						
有	月	一	ナ	才	有	有	有			
叫	口	丨	口	叫	叫					
什	ノ	ノ	イ	什	什					
么	ノ	ノ	么	么						
名	口	ノ	夕	夕	名	名				
字	宀	、	宀	字	字					

那 同 没 两 老 师 您

姓 多 很 男 女 少 安 娜 张

Full Script

六
班
的
学
生
二
三
四
五
七
八
九
十
这
个
有
叫
什
么
名
字

學

這
個

甚
麼

									兩
那									
同									
没									兩
两									
老									
师									師
您									
姓									
多									
很									
男									
女									
少									
安									
娜									
张									張

作业

1. Change these statements into both <u>ma</u> and affirmative-negative questions, then give negative replies.

   把下列句子改成用"吗"的疑问句和正反疑问句，然后用否定式回答：

   (1) 他们班有男同学。

   (2) 我们有英国老师。

   (3) 我们班有日本学生。

   (4) 四班有女同学。

   (5) 张老师有中国学生。

   (6) 二班有美国人。

2. Change the underlined word to an interrogative. Don't alter the word order.

请在划线部分换上疑问代词 (或疑问代词+名词)，把句子改成疑问句，并请注意句子的词序不变：

(1) <u>他</u>是我们的老师。

(2) 老师是<u>中国</u>人。

(3) 六班的老师姓<u>张</u>。

(4) 我是<u>这个</u>班的学生。

(5) 他是<u>大卫</u>。

(6) 她叫<u>方小英</u>。

3. Translate into Chinese.

    翻译下列句子：

    (1) What's your name?

    (2) What country are you from?

    (3) Who is named Kim Chung-il?

    (4) Mrs. Zhang is the teacher of which section? Is she Chinese?

    (5) Are there American students in your class?

4. Translate into Chinese.

    将下列各词语译成中文：

I, me	my	we, us	our
you, you	your	you, you	your
he, him	his	they, them	their
she, her	her	they, them	their
who, whom	whose		

汉字笔顺 (stroke order) 及练习

	Radical								
星	日	丶	口	日	日	尸	旦	早	早	星
期	月	一	十	廿	甘	甘	其	其	其	期
		期	期	期					
几	几	丿	几						
天	一	一	二	于	天				
明	日	丨	刂	日	日	旷	明	明	明
年	丿	丿	仁	仨	乍	乍	年		
月	月	丿	刀	月	月				
后	口	丿	厂	斥	斥	后	后		
现	王	一	二	三	王	玑	玑	现	现
在	一	一	ナ	才	右	在	在		
预	页	丶	マ	マ	予	予	予	孖	所	预
		预							
习	乙	丁	习	习					
起	走	一	十	土	丰	丰	走	走	起	起
		起							
回	回	丨	冂	冋	回	回	回		
答	竹	丿	广	广	竺	竺	竺	烨	答
		答	答	答					
问	门	丶	门	门	门	问	问		
题	页	丨	口	日	日	旦	早	旱	是	是
		是	是	是	题	题	题		

今	人	丿	人	仐	今				
去	土	一	十	土	去	去			
呢	口	丶	口	口	叩	叩	叨	叽	呢
号	口	丨	口	日	旦	号			
昨	日	丨	日	日	日	昨	昨	昨	昨
对	又	フ	又	又	对	对			
上	上	丨	上	上					
和	禾	一	二	千	禾	禾	禾	和	和
下	一	一	丁	下	为				
为	丶	丶	丿	为	为				
时	日	丨	日	日	日	旷	时	时	
候	亻	丿	亻	亻	亻	俨	俨	候	候
		候							

Full Script

星
期
几
天
明
年
月
后
现
在
预
习
起
回
答
问
题
今
去
呢
号

幾
後
現
預
習
問
題
號

昨对上和下为时候

對

爲時

作业

1. Sort out the date in parentheses and put it *into the blank space* in proper order.

    把括号中的日期按正确的排列顺序填横线上：

    (1) 今天是 _____ 。

    （十九号　一九九六年　四月　星期五）

    (2) 明天是 _____ 。

    （星期六　二十号　一九九六年　四月）

    (3) 后天是 _____ 。

    （四月　星期日　二十一号　一九九六年）

2. Use the expressions in parentheses as adverbial adjuncts and put them in the proper place in each sentence.

    用括号中的词语作状语，放在句中正确的位置上：

    (1) 我和他预习。　　　　　　　　　　　　　（一起）

    (2) 老师问问题吗？　　　　　　　　　　　　（今天）

    (3) 我们班有英国同学。　　　　　　　　　　（没）

    (4) 我们学年、月、日、星期。　　　　　　　（星期二）

    (5) 男同学很多，女同学很多。　　　　　　　（也）

3. Make questions by changing the underlined number into <u>duōshǎo</u> or <u>jǐ</u> as appropriate.

    用"多少""几"就划线部分提出问题：

    (1) A: _____ ?

    　　B: 今年是一九九<u>六</u>年。

(2) A: _____ ?

     B: <u>二月</u>是二十八天。

(3) A: _____ ?

     B: 一年有<u>十二</u>个月。

(4) A: _____ ?

     B: 一个星期有<u>七</u>天。

(5) A: _____ ?

     B: 他们班有<u>十六</u>个同学。

4. Answer these questions in the negative.

用否定式回答问题：

(1) 今天是星期五吗？

(2) 明年是不是一九九四年？

(3) 四月是不是三十一天？

(4) 星期日也叫星期七吗？

(5) 他们现在预习吗？

(6) 下个星期我们学不学"几"和"多少"？

(7) 你们老师姓张吗？

(8) 那个同学有中国名字没有？

5. Fill out these dialogues along the lines of the example.

完成对话：

例：A：我是学生，你呢？

　　B：我也是学生。

1. A：＿＿＿＿＿＿＿＿＿＿＿＿＿＿＿＿，＿＿＿＿＿＿？

　　B：我是中国人。

2. A：＿＿＿＿＿＿＿＿＿＿＿＿＿＿＿＿，＿＿＿＿＿＿？

　　B：我的名字叫方日生。

3. A：＿＿＿＿＿＿＿＿＿＿＿＿＿＿＿＿，＿＿＿＿＿＿？

　　B：八月也是三十一天。

4.　A：＿＿＿＿＿＿＿＿＿＿＿＿＿＿＿＿＿＿＿＿，＿＿＿＿＿＿＿＿＿？

　　　B：他们班有八个男同学，没有女同学。

5.　A：＿＿＿＿＿＿＿＿＿＿＿＿＿＿＿＿＿＿＿＿，＿＿＿＿＿＿＿＿＿？

　　　B：他今天不预习，明天预习。

汉字笔顺（stroke order）及练习

Radical

儿	儿	丿	儿						
图	口	丨	冂	冂	冈	图	图	图	
书	丨	⺄	乛	书	书				
馆	饣	丿	ク	饣	饣	馆	馆	馆	馆
		馆	馆						
宿	宀	丶	宀	宀	宀	宀	宀	宿	宿
		宿	宿						
舍	人	丿	人	今	全	全	舍	舍	
做	亻	丿	亻	亻	什	什	估	做	做
		做	做						
看	目	一	二	三	手	手	看	看	看
跟	足	丶	⼝	⼝	足	足	足	跟	跟
		跟	跟	跟	跟				
作	亻	丿	亻	亻	竹	竹	作	作	
业	业	丨	丨	业	业	业			
吧	口	丶	口	口	吧	吧	吧	吧	
子	子	乛	了	子					
拿	手	丿	人	人	合	合	拿	拿	拿
		拿							
等	竹	丿	亇	竹	竹	竹	等	等	等
		等	等	等					

马	马	フ	马	马					
来	一	フ	ㄇ	马	厶	来	来	来	
朋	月	丿	刀	月	月	朋	朋	朋	
友	又	一	八	友	友				
家	宀	家	宀	宀	宀	宁	家	家	家
吃	口	丶	ㅁ	口	叱	吃	吃		
饭	ㄅ	丿	ㄅ	饣	饣	饭	饭		
晚	日	丨	日	日	日	旷	晄	晚	晚
		晚	晚						
电	乙	丶	囗	曰	日	电			
影	彡	丶	口	日	旦	早	早	景	景
		景	景	景	景	影	影		
院	阝	阝	阝	阝	阝	阵	陀	陀	院

Full Script

儿									兒
图									圖
书									書
馆									館
宿									
舍									
做									
看									
跟									
作									
业									業
吧									
子									
拿									
等									
马									馬
来									來
朋									
友									
家									
吃									

饭								飯
晚								電
电								
影								
院								

作业

1. Answer the following questions. Indicate whether <u>zài</u> in each instance is
    a verb or a preposition.

    回答问题，并指出句中的"在"是动词还是介词：

    (1) 大卫跟谁在图书馆？

    (2) 你们什么时候在宿舍做作业？

    (3) 金中一跟山本在图书馆做什么？

    (4) 谁在这儿？

    (5) 张老师今天晚上在哪儿？

    (6) 你在这儿等谁？

(7) 星期五晚上，方小英有的时候在图书馆，有的时候在哪儿？

(8) 大卫明天晚上在哪个朋友家吃饭？

2. Make sentences with <u>zài</u> as indicated.

用"在"(动词和介词)造句：

家　　　　verb. _____.

　　　　　prep. _____.

图书馆　　verb. _____.

　　　　　prep. _____.

宿舍　　　verb. _____.

　　　　　prep. _____.

3. Change these pairs of questions into one "verbal construction in series" type question, then answer it.

将两个问句改成连动式问句并回答：

例：A：谁去方小英家？他吃饭吗？ → 谁去方小英家吃饭？

　　B：大卫去方小英家吃饭。

(1) A：金中一去谁家？他吃饭吗？ →

　　B：

(2)　A:　他去图书馆吗？他做什么？ →

　　　B:

(3)　A:　你去哪儿？你拿本子吗？ →

　　　B:

(4)　A:　大卫什么时候来你的宿舍？他做作业吗？

　　　　　 →

　　　B:

(5)　A:　安娜跟方小英一起去天星电影院吗？她们看什么电影？

　　　　　 →

　　　B:

4.　Write the proper Chinese character in the blanks. Put the part common to each in the parentheses.

填空并写出每组共同的部分：

　　　　　xìng　　hǎo　　　　nà
　　例：姓名，好同学，安娜 → (女)

　　　　　zuó　　　shí　　　míng　　wǎn
(1)　____天，____候，____天，____上 → (　　　　)

　　　　　nǎ　　　　ne　　　　　　　　ma　　ba　　chī
(2)　____儿，____ (modal particles)，____，____，____饭
　　→ (　　　　)

　　　　　jīn　　　　　shè　　ná　　　　jīn
(3)　____天，宿____，____本子，____中一 → (　　　　)

nǐ   tā men   zuò zuò

(4) ＿＿＿好，＿＿＿＿＿＿，＿＿＿＿＿＿业 → （　　　　）

míng   duō

(5) ＿＿＿字，＿＿＿少 → （　　　　）

练习五

汉字笔顺（stroke order）及练习

	Radical									
词	讠	丶	讠	讠𠃌	讠𠃌一	讠司	词	词		
典	八	丨	冂	冂一	冂丨一	曲	曲	典	典	
复	夂	丿	𠂉	𠂉丨	𠂉冂	𠂉日	𠂉日	𠂉日丿	𠂉日𠂊	复
课	讠	丶	讠	讠丨	讠冂	讠冂一	讠日	讠甲	讠甲	讠果
		课								
文	文	丶	亠	亠丿	文					
最	曰	丨	冂	冂一	曰	旦	旦丨	旦丨丨	旦丨丨一	旦耳
		旦耳	旦耳又	最						
新	斤	丶	亠	亠丶	亠丷	立	立一	亲	亲	亲
		亲丿	亲厂	亲斤	新					
汉	氵	丶	冫	氵	汉	汉				
语	讠	丶	讠	讠一	讠丆	讠五	讠五	讠五口	语	语
过	辶	一	十	寸	寸丶	讨	过			
旧	日	丨	丨丨	丨冂	丨日	旧				
店	广	丶	亠	广	广丨	广卜	广占	店	店	
买	乙	乛	乛丶	乛丶丶	乛丶丶一	买	买			
午	丿	丿	𠂉	𠂉一	午					
都	阝	一	十	土	耂	耂	者	者	者	者阝
		都								
点	灬	丨	卜	占	占	占	占丶	占丶丶	点	点
半	八	丶	丷	丷一	兰	半				

零　雨　　一　厂　二　雨　雨　雨　雨　雰
　　　　　雰　雰　零　零
分　八　八　八　分　分
刻　刂　丶　亠　亠　亥　亥　亥　刻　刻

Full Script

词									詞
典									
复									復
课									課
文									
最									
新									
汉									漢
语									語
过									過
旧									舊
店									
买									買
午									
都									
点									點
半									
零									
分									
刻									

作业

1. Write out the following times in Chinese characters.

用汉字写出以下时间：

6:00 pm	10:10
4:15	5:58
12:45 noon	8:07
2:30	1:36
9:45 am	11:35 pm

2. Make questions by changing the underlined portions into interrogative pronouns or pronominal expressions.

用疑问代词就划线部分提出问题：

例：A：你们星期几不上课？

　　B：我们星期六不上课。

(1) A：＿＿＿＿＿＿＿＿＿＿＿＿＿＿＿＿＿＿＿＿＿？

　　B：他今天下午五点去朋友家吃饭。

(2) A：＿＿＿＿＿＿＿＿＿＿＿＿＿＿＿＿＿＿＿＿＿？

　　B：山本现在跟大卫一起去图书馆做作业。

(3) A：＿＿＿＿＿＿＿＿＿＿＿＿＿＿＿＿＿＿＿＿＿？

　　B：这个星期日上午十点他们一起去书店买汉语小词典。

(4) A：＿＿＿＿＿＿＿＿＿＿＿＿＿＿＿＿＿＿＿＿＿？

　　B：今天晚上三班的同学去天星电影院看电影。

3. Using the adverb <u>dōu</u>, link the following into one longer sentence.

   用"都"改写下列句子：

   (1) 这本词典是新的，那本词典也是新的。

   (2) 他去图书馆看书，我也去图书馆看书。

   (3) 我有中国名字，我同学也有中国名字。

   (4) 我们今天九点半上课，明天也九点半上课。

4. Change the following sentences using the adverb <u>yě</u>.

   用"也"改写下列句子：

   (1) 一班和二班都没有日本同学。

   (2) 小英和小美都姓张。

(3) 大卫和山本今天晚上都不去看电影。

(4) 明天上午和下午我都不在宿舍。

(5) 这本书和那本书都是张老师的。

(6) 山本和大卫都在图书馆做作业。

汉字笔顺 (stroke order) 及练习

Radical

想	心	一	十	才	木	相	相	相	相	相
		相	想	想	想					
约	纟	乙	纟	纟	纟	约	约			
听	口	丶	口	口	叮	叮	听	听		
音	音	丶	亠	立	产	立	产	音	音	音
乐	丿	一	匚	牙	牙	乐				
以	人	乙	讠	以	以					
了	乙	乛	了							
意	心	丶	亠	立	产	立	产	音	音	音
		音	意	意	意					
思	心	丶	口	日	田	田	旧	思	思	思
找	才	一	才	才	打	找	找	找		
啊	口	丨	口	口	叮	吖	听	啊	啊	啊
		啊								
打	才	一	才	才	打	打				
话	讠	丶	讠	讠	讠	话	话	话	话	
订	讠	丶	讠	订	订					
票	示	一	乛	西	西	西	西	西	覀	票
		票	票							
怎	心	丿	一	个	乍	作	作	怎	怎	怎
样	木	一	十	才	木	术	栏	栏	栏	栏
		样								

用	丿	丿	几	刖	月	用			
到	刂	一	工	云	至	至	到	到	
再	一	一	厂	冂	雨	再	再		
散	攵	一	十	冉	甘	井	苷	背	背
		散	散	散					
步	止	丶	十	士	止	牛	步	步	
喜	口	一	十	士	吉	吉	吉	吉	吉
		壴	喜	喜					
欢	又	丆	又	双	欢	欢	欢		
钟	钅	丿	𠂉	乍	乍	钅	钅	钔	钟
见	见	丨	冂	贝	见				
面	一	一	丆	丙	而	而	面	面	面
校	木	一	十	才	木	村	杧	杧	校
		校	校						
门	门	丶	冂	门					
口	口	丨	冂	口					

Full Script

想									
约									約
听									聽
音									
乐									樂
以									
了									
意									
思									
找									
啊									
打									
话									話
订									訂
票									
怎									
样									樣
用									
到									
再									
散									

步喜欢钟见面校门口

歡鐘見

門

作业

1. Fill in the blanks with expressions followed by yǐhòu.

   用"……以后"填空：

   (1) _____，我去吃饭了。

   (2) _____，大卫和安娜在学校上课。

   (3) _____，他们一起去中国学汉语。

   (4) _____，我们去散步，好吗？

   (5) _____，你做什么了？

2. Make the following sentences negative.

   将下列句子改成否定句：

   (1) 上星期他去中国了。

   (2) 昨天中午，她们去吃中国饭了。

   (3) 去年六月金中一回韩国了。

   (4) 昨天方小英打电话订票了。

(5) 两点半以后山本和大卫都去图书馆了。

(6) 昨天晚上安娜去听音乐了。

3. **Answer the following.**

    回答下列问题：

    (1) 你喜欢听音乐吗？

    (2) 你喜欢不喜欢吃中国饭？

    (3) 你喜欢什么时候去散步？

    (4) 星期六晚上你喜欢做什么？

4. **Complete the following sentences using the modal particle <u>ba</u>.**

    用语气助词"吧"完成对话：

(1) 安娜不在这儿，＿＿＿＿＿＿＿＿＿＿＿＿＿＿＿＿＿＿＿？
对，她回宿舍了。

(2) ＿＿＿＿＿＿＿＿＿＿＿＿＿＿＿＿＿＿＿＿＿＿？
有，今天下午我有课。

(3) ＿＿＿＿＿＿＿＿＿＿＿＿＿＿＿＿＿＿＿＿＿＿？
没有，昨天晚上我没去听音乐，我去看电影了。

汉字笔顺 (stroke order) 及练习

	Radical									
给	纟	㇛	纟	纟	纟	纠	纠	纷	给	给
接	扌	一	亅	扌	扩	护	护	护	按	按
		接	接							
喂	口	㇑	口	口	叮	叩	喂	喂	喂	喂
		喂	喂	喂						
请	讠	丶	讠	讠	计	讯	诗	请	请	请
		请								
错	钅	㇛	㇒	乍	乍	钅	钅	针	钳	钳
		错	错	错	错					
码	石	一	丆	丆	石	石	矴	码	码	
关	八	丶	㇏	兰	兰	关	关			
系	丿	㇛	亇	幺	糸	糸	系	系		
位	亻	丿	亻	个	仁	位	位	位		
就	亠	丶	二	亡	亩	亩	亨	京	京	京
		就	就	就						
从	人	丿	㇏	从	从					
能	厶	㇛	厶	牟	育	育	育	能	能	能
		能								
假	亻	丿	亻	亻	伫	伫	作	假	假	假
		假	假							
概	木	一	十	才	木	朾	杙	杚	根	根
		根	柑	概	概					

第	竹	ノ	㇒	㇏	竹	竹	竹	笋	竿	筥
		第	第							
节	艹	一	十	艹	芇	节				
谢	讠	丶	讠	讠	讠	讠	讱	讱	讱	讱
		谢	谢	谢						
德	彳	ノ	㇒	彳	彳	彳	彳	徝	徝	德
		德	德	德	德	德	德			

给									給
接									
喂									
请									請
错									錯
码									碼
关									關
系									係
位									
就									
从									從
能									
假									
概									
第									
节									節
谢									謝
德									

作业

1. Using the provided items, describe what you will do on a given day.

    根据所给的条件，说出你一天要做的事：

    (1) 9:30–12:20 (am)   学校   上课

    (2) 12:35   宿舍   吃中饭

    (3) 2:00–4:45 (pm)   图书馆   看书

    (4) 6:15   等方小英   图书馆门口儿

    (5) 7:10   天星电影院   看电影 和方小英一起

    _____

    _____

    _____

    _____

    _____

    _____

    _____

    _____

    _____

    _____

    _____

2. Change the following questions into affirmative-negative type questions,
    then answer them in the negative.

    把下例问句改成正反疑问句，然后用否定形式回答：

    例：你想去图书馆吗？

        你想不想去图书馆？

        我不想去图书馆。

    (1) 山本想去德国吗？

    (2) 大卫明天能上课吗？

    (3) 你想买书吗？

    (4) 九号下午他能请假吗？

    (5) 他想约朋友去散步吗？

3. Answer the following on the basis of lesson text context.

    按课文内容回答问题：

    (1) 明天金中一的朋友从哪儿来？几点到？

    (2) 金中一想几点去接这个朋友？

    (3) 明天上午的课金中一都不能上吗？

    (4) 明天他们从几点到几点上第一节和第二节课？

汉字笔顺 (stroke order) 及练习

Radical

介	人	ノ	人	介	介				
绍	纟	ㄥ	纟	纟	纠	织	绍	绍	
教	攵	一	土	土	耂	孝	孝	孝	孝
		教	教						
室	宀	丶	八	宀	宁	宏	宏	室	室
里	里	丶	口	日	甲	甲	里		
迎	辶	ノ	亻	卬	卬	迎	迎		
外	夕	ノ	夕	夕	外	外			
边	辶	力	力	边	边	边			
左	工	一	ナ	左	左	左			
右	口	一	ナ	右	右	右			
间	门	丶	门	门	门	间	间	间	
啦	口	丶	口	口	叶	叶	呀	呀	啦
		啦	啦						
可	一	一	可	可	可	可			
当	小	丶	丬	当	当	当			
然	灬	ノ	夕	夕	夕	夕	外	然	然
		然	然	然					
认	讠	丶	讠	认	认				
识	讠	丶	讠	识	识	识	识	识	
别	刂	丶	另	另	号	另	别	别	
厕	厕	一	厂	厂	厕	厕	厕	厕	

食堂
前
觉
得
每
丁

礼
前
觉
得
每
丁

所
食
堂

Full Script

介									
绍									紹
教									
室									裏
里									
迎									
外									邊
边									
左									
右									間
间									
啦									
可									當
当									
然									認
认									識
识									
别									
厕									
所									
食									

									禮
堂									覺
礼									
前									
觉									
得									
每									
丁									

作业

1. Using the diagram material, fill in the blanks below with appropriate localizers (position words).

根据下图用方位词填空：

	老师			
	金中一	方小英	安娜	男同学
女同学	大卫	山本		

教室里有七个同学，四个同学在＿＿＿＿＿＿，三个同学在＿＿＿＿＿＿。安娜的＿＿＿＿＿是方小英，＿＿＿＿＿＿是一个男同学。方小英在安娜和金中一的＿＿＿＿＿。金中一的＿＿＿＿＿＿是大卫，大卫的＿＿＿＿＿有一个女同学，＿＿＿＿＿＿是山本，他在山本和那个女同学的＿＿＿＿＿。山本在方小英的＿＿＿＿＿＿，他的＿＿＿＿＿是大卫，他的＿＿＿＿＿是谁？没有人。

2. Fill in the blanks as appropriate with shì, yǒu and zài.

用"是""有""在"填空：

(1) 教室里＿＿＿＿＿三个同学。

(2) 我朋友的家＿＿＿＿＿左边儿。

(3) 我家后边儿＿＿＿＿＿天星电影院。

(4) 图书馆＿＿＿＿＿我家前边儿。

(5) 山本和安娜的中间＿＿＿＿＿方小英。

(6) 食堂右边儿＿＿＿＿＿一个书店。

3. Make sentences with <u>měi</u> ("each, every") and the supplied vocabulary.
    用"每"和所给的词造句：

    (1) 同学

    (2) 天

    (3) 星期

    (4) 图书馆

4. Make answers to these questions with the words in parentheses. Note that one will be affirmative and one negative.
    用所给的词语，组成答案。注意：一为肯定式，一为否定式。

    (1) 我现在可以去打电话吗？

        a. _____ 。
           （去　打电话　可以　你　现在）

        b. _____ 。
           （你　打电话　现在　去　不　能）

(2) 上课的时候可以做作业吗？

    a. _____ 。

       （做　可以　我　觉得）

    b. _____ , _____ 。

       （不　做　当然　能）　　　（下课以后　做　再　吧）

5. Translate the following sentences.

把下列句子译成中文：

(1) Yamamoto likes to invite friends to go to eat on Saturday evenings.

(2) We all feel that last night's music was not good.

6. Fill in the blanks with the appropriate character, then place the common part in the parentheses.

填空并写出每组共同的部分：

       rán   diǎn

(1) 当____ , ____钟 → (　　　)

       jiào   sàn

(2) ____室 , ____步 → (　　　)

       wèn   jiān

(3) ____题 , 中____ → (　　　)

       gài   yàng   xiào

(4) 大＿＿＿，怎么＿＿＿，学＿＿＿ → （　　　　）

       guó   tú   huí

(5) 中＿＿＿，＿＿＿书馆，＿＿＿宿舍 → （　　　　）

练习九

汉字笔顺(stroke order)及练习

Radical

网	冂	丨	冂	冈	冈	网	网		
球	王	一	二	王	王	环	玎	玗	球
		球	球						
还	辶	一	丆	不	不	不	还	还	
知	矢	丿	丿	上	乍	矢	知	知	
道	辶	丷	丷	丷	丷	产	首	首	首
		首	道	道					
场	土	一	十	圡	圬	场	场		
体	亻	丿	亻	仁	什	休	体		
育	月	丶	二	云	产	育	育	育	
旁	方	旁							
北	丨	丨	十	扌	北	北			
西	西	一	厂	襾	丙	西	西		
南	十	一	十	广	内	内	内	南	南
真	十	一	十	广	占	直	直	直	真
		真							
定	宀	丶	丷	宀	宁	宁	定	定	
容	宀	丶	八	宀	宁	灾	突	突	容
		容							
易	日	丨	冂	日	日	月	易	易	
太	大	一	ナ	大	太				

难	又	フ	又	攻	对	对	对	难	难	难
		难								
游	氵	丶	冫	氵	汸	汸	汸	汸	游	
		游	游	游						
泳	氵	丶	冫	氵	汀	汈	泳	泳		
池	氵	丶	冫	氵	汩	汕	池			
东	一	一	士	车	东	东				
先	一	丿	一	牛	生	步	先			
会	儿 人	丿	人	人	会	会	会			

Full Script

网									網
球									
还									還
知									
道									
场									場
体									體
育									
旁									
北									
西									
南									
真									
定									
容									
易									
太									
难									難
游									
泳									
池									

东先会									東會

作业

1. Fill in the blanks as appropriate on the basis of the diagram.

   按图填空：

   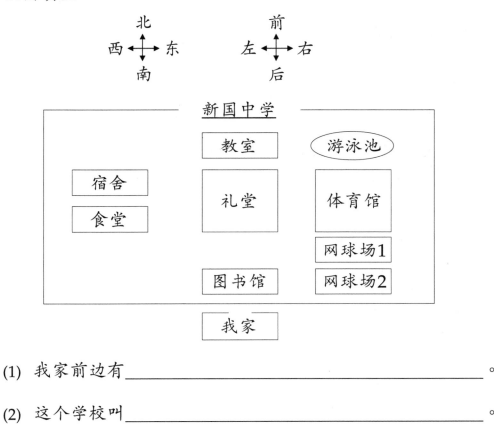

   (1) 我家前边有＿＿＿＿＿＿＿＿＿＿＿＿＿＿＿＿＿＿＿＿＿＿＿＿。

   (2) 这个学校叫＿＿＿＿＿＿＿＿＿＿＿＿＿＿＿＿＿＿＿＿＿＿。

   (3) 他们的礼堂在＿＿＿＿＿＿＿＿＿＿＿＿＿＿＿＿＿＿＿＿＿。

   (4) 礼堂的北边是＿＿＿＿＿＿＿，南边有＿＿＿＿＿＿＿＿＿。

   (5) 宿舍和食堂在＿＿＿＿＿＿＿＿＿＿＿＿＿＿＿＿＿＿＿＿＿。

   (6) 体育馆的北边是＿＿＿＿＿＿＿，南边有＿＿＿＿＿＿＿。

2. On the pattern of this example, make three sentences with verb suffix <u>le</u>.

   模仿例子，用所给词组各造三个带动态助词"了"的句子：

例：看　电影　　上星期我在外边儿看了两个电影。(<u>le</u> + Nu.M)

我看了电影去他家吃饭。(<u>le</u> + follow-up action)

我看了电影了。(<u>le</u> ... <u>le</u>)

(1) 打　电话

(2) 买　书

(3) 复习　课文

3. By forming verbal attributive expressions, make single sentences out of each of the following.

请把下面每组句子各组成一个带动词结构作定语的句子：

例：那个美国学生在教室里上课。

那个美国学生叫大卫。

⟶　在教室里上课的那个美国学生叫大卫。

(1) 那位老师在食堂里吃饭。
那位老师姓张。

(2) 这个学生喜欢游泳。
这个学生是我们班的。

(3) 那个人在体育馆门口儿。
那个人是我的中国朋友。

(4) 那两个同学打网球。
那两个同学都是一班的学生。

(5) 那个女同学在那儿看书。
那个女同学是德国人。

4. Convert these pairs of sentences into one sentence each, using the "subject-predicate as attributive" form.
请把下面每组句子各组成一个带主谓结构作定语的句子：

例：我昨天买了一本书。

　　　那本书在宿舍里。

→　我昨天买的那本书在宿舍里。

(1)　我上星期看了一个电影。

　　　那个电影很有意思。

(2)　我认识了一位英文老师。

　　　那位英文老师很好。

(3)　他给我介绍了一个日本朋友。

　　　那个日本朋友也在我们学校学习。

(4)　他星期日买了一本新词典。

　　　那本新词典不是《汉语小词典》。

练习十

汉字笔顺 (stroke order) 及练习

Radical

写	冖	宀	宀	写	写	写			
要	女	一	一	襾	西	西	覀	要	要
练	纟	纟	纟	纟	纟	红	练	练	练
慢	忄	丶	丨	忄	忄	忄	忄	忄	慢
		慢	慢	慢	慢	慢			
快	忄	丶	丨	忄	忄	忄	快	快	
又	又	フ	又						
如	女	〈	女	女	如	如	如		
果	木	丶	冂	旦	旦	早	甲	果	果
交	亠	丶	亠	六	六	交	交		
说	讠	丶	讠	讠	讶	说	说	说	说
比	比	一	比	比	比				
较	车	一	土	车	车	车	车	轳	轳	较
		较							
常	巾	丶	丷	丷	尚	尚	常	常	常
		常	常						
懂	忄	丶	丨	忄	忄	忄	忄	忄	懂
		懂	懂	懂	懂	懂			
告	口	丶	亠	生	生	告	告	告	
诉	讠	丶	讠	讠	诉	诉	诉	诉	
休	亻	丿	亻	仁	什	休	休		
息	心	丶	丨	白	白	自	自	息	息

		息								
完紧	宀系	、	八	广	宀	宁	宁	完	紧	紧
		紧								
王	王	一	二	干	王					

Full Script

写									寫
要									練
练									
慢									
快									
又									
如									
果									
交									
说									説
比									
较									較
常									
懂									
告									訴
诉									
休									
息									
完									
紧									緊
王									

作业

1. Revise the dialogue below into a narrative description, using <u>wèn</u> and <u>gàosu</u>.

    用"问"和"告诉"改写下面的对话。

    例：小马：你会不会游泳？

    小丁：我不会。

    小马：你想学吗？

    小丁：我很想学。

    小马<u>问</u>我会不会游泳，我<u>告诉</u>他我不会。他<u>问</u>我想学吗，我<u>告诉</u>他我很想学。

    (1) 小马：今天听写哪课的汉字？

    小丁：听写第五十五课的。

    小马：每课都要听写吗？

    小丁：每课都要听写。

    小马：今天哪个老师听写？

    小丁：今天谢老师听写。

2. Assume that the sentences below are answers. Use the items in parentheses to create appropriate questions for them.

    假设下列句子是问题的答案，用括号中的词提出相应的疑问句。

    例：他打得不好。（网球）

    他网球打得好吗？

    网球，他打得好不好？

    他打网球打得好吗？

(1) 我看得不快。(中文书)

(2) 他写得不慢。(汉字)

(3) 她回答得很对。(那个问题)

(4) 马老师教得很好。(英文课)

3. Complete the following dialogues using "rúguǒ … jiù …".

   用"如果……就……"完成对话。

   例：小谢：你看不看电影？

   　　小王：小张看不看？<u>如果小张看，我就看</u>。

   (1) 小谢：你今天打不打网球？

   　　小王：你定场了吗？_____。

   (2) 小谢：我们找谁请假？

   　　小王：找谢老师。

   　　小谢：谢老师不在，找谁？

   　　小王：_____。

(3) 小谢：你想学游泳吗？

　　小王：你教不教我？＿＿＿＿＿＿＿＿＿＿＿＿＿＿＿＿＿＿＿＿＿＿。

(4) 小谢：我觉得汉字真难。

　　小王：你常常练习吗？＿＿＿＿＿＿＿＿＿＿＿＿＿＿＿＿＿＿＿＿＿。

4.　Write the proper Chinese character in the blanks. Put the part common to them in the parentheses.

　　填空并写出每组共同的部分。

　　　　　　　　gěi　　liàn　　　　shào　　yuē

(1) 交＿＿＿，＿＿＿习，介＿＿＿，＿＿＿ (make an appointment)

　　→ (　　　　)

　　　　　　　shì　　　zi　　sù　　　　dìng　　róng

(2) 教＿＿＿，名＿＿＿，＿＿＿舍，一＿＿＿，＿＿＿易 → (　　　　)

　　　　　xué　　　　jué

(3) ＿＿＿中文，＿＿＿得 → (　　　　)

　　　　　táng　　chángcháng

(4) 礼＿＿＿，＿＿＿＿＿＿ (always) → (　　　　)

　　　　　kuài　　　　màn　　　　dǒng

(5) ＿＿＿ (fast)，＿＿＿ (slow)，＿＿＿ (understand) → (　　　　)

练习十一

汉字笔顺 (stroke order) 及练习

	Radical									
双	又	フ	又	邓	双					
鞋	革	一	十	廿	廿	世	芇	苫	苫	革
		革	靬	鞋	鞋	鞋	鞋			
附	阝	了	阝	阝	阶	阶	附	附		
近	辶	`	厂	斤	斤	近	近	近		
商	亠	丶	一	六	冇	产	商	商	商	商
		商	商							
件	亻	ノ	亻	仆	仵	仁	件			
衣	衣	丶	亠	广	齐	衣	衣			
服	月	丿	月	月	月	肝	脵	服	服	
箱	竹	ノ	彳	竹	竹	竹	竹	竺	竿	笁
		笁	筘	筘	箱	箱	箱			
离	亠	丶	亠	文	文	卤	卤	卤	离	离
		离								
远	辶	二	二	亍	元	元	远	远		
走	走	一	十	土	卡	卡	走	走		
长	ノ	ノ	ノ	二	长	长				
出	凵	凵	乚	出	出	出				
卖	十	一	十	丰	志	志	志	卖	卖	卖
地	土	一	十	土	圹	地	地			
楼	木	一	十	才	木	术	术	杉	料	楼
		楼	楼	楼	楼					

贵	贝	丶	冖	口	中	虫	串	贵	贵
便	亻	丿	亻	亻	亻	佢	佢	便	便
宜	宀	丶	八	宁	宁	宀	宜	宜	
穿	穴	丶	八	宀	宀	穴	空	穿	穿

Full Script

双									雙
鞋									
附									
近									
商									
件									
衣									
服									
箱									
离									離
远									遠
走									
长									長
出									
卖									賣
地									
楼									樓
贵									貴
便									
宜									
穿									

作业

1. Complete the dialogues below on the basis of the illustrations to the right.

    看过右图以后，完成下列对话：

    A: 我们学校东边儿＿＿＿＿＿＿＿＿＿＿？

    B: ＿＿＿＿＿＿＿＿＿＿＿＿＿＿＿＿＿。

    A: ＿＿＿＿＿＿＿＿＿＿＿＿＿＿＿＿＿？

    B: 不远，走＿＿＿＿＿＿＿＿＿＿＿＿。

    A: 那个商场＿＿＿＿＿＿＿＿＿＿＿？

    B: 有的东西贵，有的东西便宜。

    A: 你昨天和谁一起去买东西了？

    B: ＿＿＿＿＿＿＿＿＿＿＿＿＿＿＿＿。

    A: 你们买了什么东西？

    B: ＿＿＿＿＿＿＿＿＿＿＿＿＿＿＿＿。

    A: 你们买的衣服怎么样？

    B: 安娜买的衣服很好看，可是＿＿＿＿。

        我＿＿＿＿＿＿＿＿。(use 又……又)

2. Describe what Anna did yesterday and how long she spent at it. Use the
    example sentence as a model for your responses.

    请根据下图，仿照例句说明安娜昨天做了什么，做了多长时
    间：

    例句：安娜昨天在教室里上课上了四个小时。

    (1) _____ 。

    (2) _____ 。

    (3) _____ 。

    (4) _____ 。

    (5) _____ 。

    (6) _____ 。

    (7) _____ 。

3. Complete these sentences.

完成句子：

(1) 这个商店一楼卖衣服，买鞋得＿＿＿＿＿＿＿＿＿＿＿＿＿。

(2) 如果要在学校打网球，就得先＿＿＿＿＿＿＿＿＿＿＿＿。

(3) 那个商场离这儿很远，得走＿＿＿＿＿＿＿＿＿＿＿＿＿。

(4) 明天我朋友从美国来，我得＿＿＿＿＿＿＿＿＿＿＿＿。

汉字笔顺 (stroke order) 及练习

Radical

钱	钅	ノ	𠂉	㇄	钅	钅	钅	钐	钱	钱
		钱								
丢	ノ	一	三	三	丢	丢				
行	彳	ノ	彳	彳	行	行	行			
售	口	ノ	イ	代	伫	伫	住	佳	佳	
		售	售							
货	贝	ノ	イ	仁	化	化	货	货	货	
员	口	丶	口	尸	员	员	员			
已	已	フ	コ	已						
经	纟	㇜	乡	纟	纟	纟	纾	经		
种	禾	ノ	二	千	禾	禾	和	和	种	
嗯	口	丨	口	口	叩	叩	叩	叩	咽	咽
		咽	嗯	嗯	嗯					
块	土	一	十	土	扣	扛	块	块		
毛	ノ	一	二	三	毛					
元	儿	一	二	元	元					
民	乙	一	コ	尸	民	民				
币	巾	一	厂	币	币					
清	氵	丶	氵	氵	汁	汁	洼	清	清	清
		清	清							
楚	木	一	十	才	木	术	村	材	林	棽
		棽	替	楚	楚					

只	口	丶	冂	口	尸	只			
哦	口	丶	口	口	吖	吖	吘	哦	哦
		哦							
数	攵	丶	丷	丷	半	米	米	娄	娄	娄
		娄	数	数	数				
纸	纟	纟	纟	纟	纟	纸	纸		
往	彳	丿	彳	彳	彳	往	往	往	
陪	阝	乛	阝	阝	阝	阝	陪	陪	陪
		陪							

Full Script

钱									錢
丢									
行									
售									
货									貨
员									員
已									
经									經
种									種
嗯									
块									塊
毛									
元									
民									
币									幣
清									
楚									
只									
哦									
数									數
纸									紙

往
陪

作业

1. Write the amounts of money below in Chinese characters. Use <u>kuài</u>, <u>máo</u> or <u>fēn</u> when appropriate.

   用汉字写出以下钱数：

   (1) 0.02

   (2) 0.75

   (3) 6.89

   (4) 12.05

   (5) 23.90

   (6) 0.50

   (7) 80.50

   (8) 71.00

   (9) 1.08

   (10) 90.05

2. Make three sentences, affirmative, negative and interrogative, with each of the following verb-complement construstions.

   用下列每个动补结构各造三个句子(肯定、否定、疑问句)：

   例：问完

   　　a. 他们问完问题了。

   　　b. 他们没问完问题。

   　　c. 他们问完问题(了)没有？

   (1) 看完

(2) 学好

(3) 拿错

(4) 穿好

(5) 回到

3. Supply questions or clauses to complete the following, in each case using the verb-complement guò.

用"过"完成句子：

(1) _____? 那个电影有意思吗？

(2) _____，我知道那个网球场不错。

(3) _____，那个地方远不远？

(4) _____没有？那个书店怎么样？

(5) _____，不知道这种鞋好不好。

4. Fill in the blanks with the appropriate expression from the group below.
    Each expression can be used only once.

    从方框中选择适当的词语填空。每个词语使用一次：

买 (一) 买	等 (一) 等	看 (一) 看	数 (一) 数
问 (一) 问	吃 (一) 吃	打 (一) 打	

    (1) A：请问大卫在不在？

    　　B：请_____。

    (2) A：我想_____那本书，可以吗？

    　　B：可以。

    (3) A：星期天你做什么？

    　　B：星期天我喜欢_____网球，_____东西，
    和朋友一起_____饭。

    (4) 这个问题，我想_____谢老师。

    (5) 找您五十八块六毛二，请您_____。

5. Write the proper Chinese character in the blanks. Put the part common
    to them in the parentheses.

    填空并写出每组共同的部分：

    　　　　　chǎng　　dì

    (1) 网球____，____方 → (　　　　)

    　　　　　yuàn　　fù　　　péi

    (2) 电影____，____近，____ (accompany) → (　　　　)

hěn　　Dé　　děi　　　xíng　　　wàng

(3) ＿＿好，＿＿国，＿＿ (must)，＿＿ (fine)，＿＿ (toward)
→ (　　　)

dì　　　　xiāng　　děng

(4) ＿＿十二课，＿＿子，＿＿ (wait) → (　　　)

huān　　shuāng　nán　　　　duì

(5) ＿＿迎，一＿＿鞋，＿＿ (difficult)，＿＿ (correct)
→ (　　　)

练习十三

汉字笔顺 (stroke order) 及练习

Radical

祝	衤	丶	亍	礻	礻	礽	祀	祀	祝
让	讠	丶	讠	让	让	让			
房	户	丶	㇉	彐	户	户	户	房	房
随	阝	㇇	阝	阝	阝	阣	陏	陏	隋
		隋	随						
坐	土	人	人	从	从	丛	坐	坐	
喝	口	丨	口	口	口	叩	喟	喟	喝
		喝	喝	喝					
自	自	丿	亻	白	白	自			
己	己	㇕	己	己					
送	辶	丶	丷	关	关	关	关	送	送
物	牛	丿	丬	牛	牛	牜	物	物	物
笑	竹	丿	丿	㇒	㇒	竺	竺	竺	竺
		笑							
秘	禾	丿	二	千	禾	禾	禾	秘	秘
		秘							
密	宀	丶	冖	宀	宀	宓	宓	宓	宓
		密	密						
卡	丨	丨		上	卜	卡			
差	八	丶	丷	㇀	芏	羊	差	差	差
		差							
支	十	一	十	步	支				

笔	竹	ノ	ゲ	ゲ	ゲ	竹	竹	竺	竺	笙
		笔								
漂	氵	氵	氵	氵	沪	沪	沪	沪	沪	洒
		洒	漂	漂	漂	漂				
亮	亠	亠	亠	亠	亠	亠	亠	亮	亮	亮
蛋	虫	一	丆	丆	疋	足	足	圣	蛋	
		蛋	蛋							
糕	米	丶	丷	兴	半	米	米	米	糕	糕
		糕	糕	糕	糕	糕	糕	糕		
切	刀	一	土	切	切					
饿	饣	ノ	个	饣	饣	饣	饣	饿	饿	
		饿								
唱	口	丶	口	口	叮	叩	吅	唱	唱	唱
		唱	唱							
歌	欠	一	一	可	可	可	可	哥	哥	哥
		哥	哥	歌	歌	歌				

祝									
让									讓
房									
随									隨
坐									
喝									
自									
己									
送									
物									
笑									
秘									
密									
卡									
差									
支									枝
笔									筆
漂									
亮									
蛋									
糕									

切

饿

唱

歌

餓

作业

1. Complete these dialogues following the example pattern.

    模仿例句完成对话：

    例：A. 你知道我的本子在哪儿吗？

    　　B. 在楼下的房间里。<u>你自己下楼去拿吧</u>。

    (1)　A. 要送他的生日卡在哪儿？

    　　　B. 在楼上。_____。

    (2)　A. 他送我的礼物在哪儿？

    　　　B. 在你的房间里。_____。

    (3)　A. 他给你做的蛋糕在哪儿？

    　　　B. 在楼下。_____。

    (4)　A. 老师送我的那支笔在在哪儿？

    　　　B. 在你宿舍里。_____。

    (5)　A. 你知道马丁在哪儿吗？

    　　　B. 在外边儿。_____。

    (6)　A. 方小英在哪儿？我要送给他一件东西。

    　　　B. 方小英在安娜那儿。_____。

2. Answer the following.

    回答问题：

    (1)　买生日蛋糕的时候，售货员给你送家里来吗？

    (2)　你的生日是几月几号？今年谁给你过生日？

(3) 你什么时候到书店去？能不能给我买一本书？

(4) 请你给同学们唱一个歌儿，好吗？

(5) 去年你的好朋友过生日的时候，你送给他什么了？

3. Complete these sentences following the example model.

完成句子：

例：他叫我<u>和他一起去听音乐</u>。

(1) 生日蛋糕买来了，安娜叫我们＿＿＿＿＿＿＿＿＿＿＿＿＿。

(2) 今天下课的时候，老师叫我们＿＿＿＿＿＿＿＿＿＿＿＿＿。

(3) 我的英汉词典丢了，我请小张＿＿＿＿＿＿＿＿＿＿＿＿＿。

(4) 马丁很想今天下午打网球，让我＿＿＿＿＿＿＿＿＿＿＿＿。

(5) 明天是星期日，小王请大家＿＿＿＿＿＿＿＿＿＿＿＿＿。

汉字笔顺 (stroke order) 及练习

	Radical								
菜	艹	一	十	艹	艹	艹	艹	芖	苹
		苹	菜						
餐	食	丶	ケ	ヶ	歺	歺	歺	夗	癶
		癶	叕	叕	叕	餐	餐	餐	
务	力	丿	ク	夂	务	务			
单	八	丶	䒑	占	占	肖	肖	单	单
担	扌	一	扌	扌	扣	扣	扣	担	
心	忄	丶	心	心	心				
开	一	一	二	开	开				
玩	王	一	二	干	王	王	玗	玩	
应	广	丶	一	广	广	应	应	应	
该	讠	丶	讠	讠	讠	该	该	该	
辣	辛	丶	二	立	立	立	辛	辛	辛
		辣	辣	辣	辣	辣			
姐	女	乙	女	女	如	如	姐	姐	姐
念	心	丿	人	人	今	今	念	念	念
遍	辶	丶	一	尸	户	户	启	扁	扁	扁
		扁	遍	遍					
青	青	一	二	丰	丰	青	青	青	
共	八	一	十	艹	芏	共	共		
汤	氵	丶	丶	氵	汤	汤	汤		
饮	饣	丿	饣	饣	饮	饮	饮	饮	

料	米	丶	丷	丷	半	半	米	米	料
		料							
啤	口	丶	口	口	口'	吖	吓	咟	啤
		啤	啤						
酒	氵	丶	氵	氵	汀	沪	沔	洒	酒
		酒							
瓶	瓦	丶	丷	半	半	并	并	瓶	瓶
		瓶							
次	冫	丶	冫	汃	次	次	次		
记	讠	丶	讠	记	记	记			
尝	小	丶	丷	丷	半	半	尝	尝	尝
哎	口口	丶	口	口	口一	呐	哕	哎	
呀	口口	丨	口	口	口一	叮	呀	呀	
糖	米	丶	丷	丷	半	半	米	米	籵
		籵	籵	粘	糖	糖	糖	糖	
醋	酉	一	厂	厅	西	西	酉	酉	酌
		酌	醋	醋	醋	醋	醋		
鱼	鱼	丿	勹	勺	仝	台	鱼	鱼	鱼
豆	豆	一	一	一	一	豆	豆		
腐	广	丶	广	广	广	广	庐	府	府
		腐	腐	腐	腐	腐			
鸡	又	乛	又	又'	对	对	鸡	鸡	

Full Script

菜									
餐									
务									務
单									單
担									擔
心									
开									開
玩									
应									應
该									該
辣									
姐									
念									
遍									
青									
共									
汤									湯
饮									飲
料									
啤									
酒									

瓶								
次								
记								記
尝								嘗
哎								
呀								
糖								
醋								
鱼								魚
豆								
腐								
鸡								雞

作业

1. Make questions of the following, using the (shì) … háishi … pattern.

根据下列答案，用"(是) ……还是……"提问：

(1) 我去教室做作业，不去图书馆做。

(2) 马丁喜欢开玩笑，安娜不喜欢开玩笑。

(3) 我喜欢吃中餐，也喜欢吃西餐。

(4) 啤酒和汽水，他都喜欢。

(5) 他说话说得不快，他说得比较慢。

(6) 我不怕吃辣的，他怕吃辣的。

(7) 我今天晚上请他，不是明天晚上请他。

2. Complete these sentences following the example model.

    模仿下例完成句子：

    例：我想吃中国菜，做中国菜<u>难不难</u>？<u>我们一起做中国菜好不</u>
    <u>好</u>？（难，做中国菜）

    (1) 我想吃西餐，做西餐_____？

         _____？

         （容易，做西餐）

    (2) 我想去那个饭馆儿吃饭，那个饭馆做的菜_____？

         _____？

         （好吃，吃饭）

3. Complete these sentences, using the adverb <u>zài</u>.

    用"再"完成句子：

    (1) 这几个汉字你写得不好看，请_____。

    (2) 你说得太快，请_____。

    (3) 昨天我买的那件衣服，又便宜又好看，我想_____。

    (4) 那个地方很好，我们_____。

    (5) 你点的菜太少，_____。

4. Write the proper Chinese character in the blanks. Put the common part
    in the parentheses.

    填空并写出每组共同的部分：

         diàn   yīng

    (1) 商____，____该 → （   ）

        guǎn   fàn   yǐn   è

(2)　图书＿＿＿，吃＿＿＿，＿＿＿料，＿＿＿ (hungry) → (　　　　)

        lǐ   zhù

(3)　＿＿＿物，＿＿＿ (wish) → (　　　　)

        dōu   nà

(4)　＿＿＿ (all)，＿＿＿ (that) → (　　　　)

        mì   hé   zhǒng

(5)　＿＿＿密，＿＿＿ (and)，＿＿＿ (m.w) → (　　　　)

        yīng   cài   jié

(6)　方小＿＿＿，点＿＿＿，一＿＿＿课 → (　　　　)

练习十五

汉字笔顺 (stroke order) 及练习

	Radical								
进	辶	一	二	井	井	讲	进		
信	亻	丿	亻	亻	信	伫	佢	信	信
才	一	一	十	才					
始	女	乚	乚	女	女	女	始	始	
桌	木	丶	丶	乚	占	占	占	点	桌
		桌							
照	灬	丨	冂	日	日	旷	旷	昭	昭	昭
		昭	照	照	照				
片	片	丿	丿	户	片				
爸	父	丶	八	少	父	爷	爸	备	爸	
医	匚	一	丆	丆	丢	至	至	医	
着	目	丶	丶	丷	兰	羊	羊	着	着
		着	着						
妈	女	乚	乚	女	奵	妈	妈		
奶	女	乚	乚	女	奶	奶			
轻	车	一	士	车	车	轻	轻	轻	轻	轻
高	亠	丶	一	六	亩	古	户	高	高	高
		高							
兴	八	丶	丷	丷	兴	兴	兴		
爷	父	丿	八	少	父	爷	爷		
世	一	一	十	世	世	世			
工	工	一	丁	工					

站	立	丶	亠	亡	立	立	圹	圹	站
		站							
哥	一	一	丁	丏	可	可	哥	哥	哥
		哥							
毕	十	一	比	比	比	毕			
贸	贝	亇	乍	乍	卯	卯	贸	贸	贸
公	八	丿	八	公	公				
司	乙	刁	刁	司	司				
妹	女	乚	女	女	妇	姅	妹	妹	
正	一	一	丁	下	正	正			
弟	八	丶	丷	兰	兰	兰	弟	弟	

Full Script

进									進
信									
才									
始									
桌									
照									
片									
爸									
医									醫
着									
妈									媽
奶									
轻									輕
高									
兴									興
爷									爺
世									
工									
站									
哥									
毕									畢

贸

贸
公
司
妹
正
弟

作业

1. Make sentences on the basis of the sketch content, using … <u>de shíhou</u>, … <u>zhèngzài</u> … in each case.

   用"……的时候，……正在……"这个句式，看图组句。

   例：

    小金　　　 小王

   小金游泳的时候，小王正在图书馆看书。

   或者：小王在图书馆看书的时候，小金正在游泳。

   (1)

    我　　　 哥哥和弟弟

   _____

   _____ 。

   (2)

    一班　　　 二班

   _____

   _____ 。

(3)

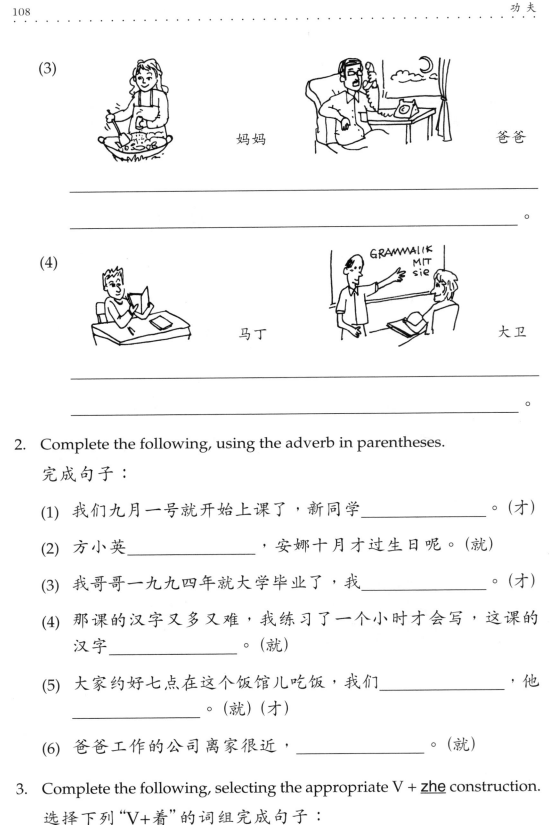

妈妈　　　　　　　　　　　　　　　　爸爸

_____

_____。

(4)

马丁　　　　　　　　　　　　　　　　大卫

_____

_____。

2. Complete the following, using the adverb in parentheses.

　　完成句子：

　　(1)　我们九月一号就开始上课了，新同学_____。(才)

　　(2)　方小英_____，安娜十月才过生日呢。(就)

　　(3)　我哥哥一九九四年就大学毕业了，我_____。(才)

　　(4)　那课的汉字又多又难，我练习了一个小时才会写，这课的
　　　　汉字_____。(就)

　　(5)　大家约好七点在这个饭馆儿吃饭，我们_____，他
　　　　_____。(就)(才)

　　(6)　爸爸工作的公司离家很近，_____。(就)

3. Complete the following, selecting the appropriate V + <u>zhe</u> construction.

　　选择下列"V+着"的词组完成句子：

看着　坐着　拿着　站着　穿着

(1) 妹妹＿＿＿＿＿＿＿＿＿＿＿＿＿＿＿＿＿＿＿＿，非常漂亮。

(2) 他＿＿＿＿＿＿＿＿＿＿＿＿＿＿＿，走进我的房间，说："今天是你的生日，我送给你一支笔。"

(3) 他在我后边儿＿＿＿＿＿＿＿＿＿＿，我在＿＿＿＿＿＿＿＿。

(4) 王老师＿＿＿＿＿＿＿＿＿＿＿＿＿＿＿＿＿＿笑了。

4. Make sentences with the following, using … gēn … yíyàng.

用"跟……一样"造句：

例：箱子，大

　　他买的箱子跟我买的 (箱子) 一样大。

(1) 菜，辣

(2) 鞋，便宜

(3) 桌子，大

Gēn … yíyàng with the complement of degree.

例：　唱，好

　　弟弟唱歌儿唱得跟妹妹 (唱得) 一样好。

或者：弟弟唱歌跟妹妹唱得一样好。

(1) 喝，多

(2) 看，快

(3) 写，好

汉字笔顺 (stroke order) 及练习

	Radical								
园	口	丨	冂	冂	冃	囙	园	园	
划	刂	一	弋	戈	戈	戈	划		
船	舟	ノ	丿	力	力	舟	舟	舟	舡	船
		船	船						
骑	马	𠃌	马	马	马	马	马	骈	骈	骑
		骑	骑						
车	车	一	𠂇	𠂆	车				
汽	氵	丶	冫	氵	汀	汽	汽	汽	
住	亻	ノ	亻	亻	仁	仁	住	住	
路	足	丶	口	口	口	早	吕	趵	趵
		跻	趵	路	路				
累	田	丶	冂	田	田	田	田	罗	罗	累
		累	累						
急	心	ノ	夕	刍	刍	刍	刍	急	急	急
非	丨	丨	刂	非	丰	非	非	非	非
总	心	丶	丷	丷	兯	兯	总	总	总
换	扌	一	扌	扌	扌	扴	护	抴	挴	换
		换							
铁	钅	ノ	𠂉	𠂉	钅	钅	钅	钅	铋	铁
		铁							
拐	扌	一	扌	扌	扌	护	护	拐	拐
直	十	一	十	亠	市	古	首	直	直

早	日	丶	冂	曰	日	旦	早		
合	人	丿	人	亼	合	合	合		
适	之	丶	二	千	千	舌	舌	`舌	适	适
湖	氵	丶	氵	氵	汁	汁	活	活	洇
		湖	湖	湖					

园									園
划									
船									
骑									騎
车									車
汽									
住									
路									
累									
急									
非									
总									總
换									換
铁									鐵
拐									
直									
早									
合									
适									適
湖									

作业

1. Complete the following. (The exercise illustrates are the verbal expressions in series to express the manner or mode of an action.)

    用表示方式的连动式完成句子：

    (1) 他每天＿＿＿＿＿＿＿＿去学校，我们＿＿＿＿＿＿＿。(骑)(坐)

    (2) 大卫＿＿＿＿＿＿＿＿问问题。(用)

    (3) 安娜＿＿＿＿＿＿＿＿去公园。(走)

    (4) 山本＿＿＿＿＿＿＿＿吃饭。(看)

    (5) 弟弟和他的小朋友＿＿＿＿＿＿＿＿回家来了。(唱)

    (6) 妹妹 ＿＿＿＿＿＿＿＿去买礼物了。(陪)

    (7) 张老师＿＿＿＿＿＿＿＿问金中一："你的词典丢了吧？"(笑)

    (8) 哥哥＿＿＿＿＿＿＿＿去听音乐。(约)

2. Complete the following with the appropriate verb (supplied) plus -<u>zài</u> or -<u>dào</u>, i.e. V + <u>zài</u> or V + <u>dào</u>.

    用所给动词+"在"/"到"完成对话：

    坐　送　住　上

    A: 后天下午我和山本去王老师家，你想去吗？

    B: 王老师＿＿＿＿＿＿哪儿？离学校远吗？

    A: 不远。从学校坐六路公共汽车，＿＿＿＿＿＿假日饭店下车，饭店右边的楼就是。

    B: 张老师＿＿＿＿＿＿几楼？

    A: 六楼。＿＿＿＿＿＿六楼，左边的门就是。

    B: 我也想去。我们要买点儿东西吗？

A: 大家说订一个蛋糕，让商店后天下午_____老师家。

B: 好，后天我跟你们一起去。

3. Correct the following incorrect sentences.

改正下列病句：

(1) 他记那几个电话号码在本子后边儿了。

(2) 售货员送我买的东西到家里了没有？

(3) 你丢《汉语小词典》在哪儿了？

(4) 你已经送那封 (fēng) 信到学校了吧？

4. Write the proper Chinese character in the blanks. Put the common part to them in the parentheses.

填空并写出每组共同的部分。

bié　　　　huá　　　　　　kè

(1) ____的，____船，五点一____ (5:15) → (　　　　)

mào　　　huò　　　guì

(2) ____易，售____员，____ (expensive) → (　　　　)

          yì   shì

(3) 容_____，可_____ → (　　　　)

        zǎo   xīng   zuì

(4) _____上，_____期，_____ (most) → (　　　　)

       huān   gē   ê

(5) _____迎，唱_____儿，_____ (surprise exclamation) → (　　　　)

       nán   lèi

(6) _____同学，_____ (tired) → (　　　　)

练习十七

汉字笔顺 (stroke order) 及练习

	Radical								
发	乙	㇗	㇅	步	发	发			
床	广	丶	宀	广	户	庄	床	床	
借	亻	ノ	亻	仁	仁	仕	供	供	借
		借							借
杂	木	九	九	九	杂	杂	杂		
志	心	一	十	士	士	志	志	志	
忙	忄	丶	忄	忄	忙	忙	忙		
办	力	フ	力	办	办				
事	一	一	一	ㄓ	旦	写	写	写	事
机	木	一	十	才	木	机	机		
头	丶	丶	亠	三	头	头			
提	扌	扌	才	扌	扌	押	押	押	捍
		捍	提	提					
睡	目	丨	门	冂	目	目	盰	盰	盰
		睡	睡	睡	睡				
迷	辶	丶	丷	丷	半	米	米	米	迷	迷
带	巾	一	十	卅	卅	卅	带	带	带
些	二	丨	卜	止	止	此	此	此	
渴	氵	丶	冫	氵	沪	沪	沪	沪	渴
		渴	渴	渴					
苹	艹	一	十	艹	艹	芇	芇		
饼	饣	𠂊	ノ	饣	饣	饣	饣	饼	饼	饼

干	一	一	二	干					
洗	氵	丶	冫	氵	沪	氵	沪	洗	洗
净	冫	丶	冫	冫	泸	冷	净	净	

发									發
床									
借									
杂									雜
志									誌
忙									
办									辦
事									
机									機
头									頭
提									
睡									
迷									
带									帶
些									
渴									
苹									蘋
饼									餅
干									乾
洗									
净									淨

作业

1. Where (1) and (2) appear in the dialogue below, select the one that is correct or more coherent.

    请从下列有 (1) 和 (2) 的句子里选择其一，使整段对话完整通顺。

    (小张和小马在电影院门口儿等小王和小谢)

    小张：小王来了！

    小马：小王，我们在这儿呢。

    小王：小张，小马，你们来得真早啊！我来晚了。

    小马：你来得也不晚，现在是五点三十五。

    小王：你们是什么时候到的？

    小张：我是五分钟以前到的，小马是十分钟以前到的。

    小王：(1) 那么，你是第一个到的，小马是第二个到的。

    　　　(2) 那么，小马是第一个到的，你是第二个到的。

    小张：你是从学校来的吗？

    小王：(1) 对，我是从学校来的。

    　　　(2) 不是，我不是从学校来的。

    小马：你是从学校坐车来的吗？

    小王：我是走着来的。

    小马：你是几点从学校出发的？

    小王：我是五点二十 (分) 从学校出发的。

    小张：(1) 啊，你走了二十五分钟。

    　：(2) 啊，你走了十五分钟。

    小马：你走得真快。

    小王：小谢来了没有？

    小张：还没来呢。

小王：(1) 他说他是几点来的？

　　　(2) 他说他几点来？

小马：(1) 他说他五点四十来。

　　　(2) 他说他是五点四十来的。

小王：好，我们再等他一会儿。

2. Following the model sentence, and the calendar content, introduce these people. Use the … <u>shì</u> … de pattern.

模仿例句用"是……的"句型介绍下面几位同学，是从哪儿来的，是什么时候来的，是怎么来的。

今天是九月二十六号星期六，安娜是上上星期三九月九号从英国来的。她是坐飞机来的。

马丁＿＿＿＿＿＿＿＿＿＿＿＿＿＿＿＿＿＿＿＿＿＿＿＿＿＿

＿＿＿＿＿＿＿＿＿＿＿＿＿＿＿＿＿＿＿＿＿＿＿。

大卫＿＿＿＿＿＿＿＿＿＿＿＿＿＿＿＿＿＿＿＿＿＿＿＿＿＿

＿＿＿＿＿＿＿＿＿＿＿＿＿＿＿＿＿＿＿＿＿＿＿。

金中一＿＿＿＿＿＿＿＿＿＿＿＿＿＿＿＿＿＿＿＿＿＿＿＿＿

＿＿＿＿＿＿＿＿＿＿＿＿＿＿＿＿＿＿＿＿＿＿＿。

山本＿＿＿＿＿＿＿＿＿＿＿＿＿＿＿＿＿＿＿＿＿＿＿＿＿＿

＿＿＿＿＿＿＿＿＿＿＿＿＿＿＿＿＿＿＿＿＿＿＿。

		9月1日 星期二	2日	3日	4日	5日	
6日	7日	8日	9日 安娜 英国 飞机	10日 日本	11日 山本 船	12日	
13日 大卫 美国 飞机	14日 金中一 韩国 飞机	15日	16日	17日	18日	19日	飞机 aeroplane fēijī
20日	21日	22日	23日	24日	25日 马丁 德国 火车	26日	
27日	28日	29日	30日				

3. Make questions of the following, using interrogative pronouns in place of the underlined words or phrases.

用疑问代词就画线部分提出问题：

(1) _____ 。

昨天，我们是从<u>家里</u>走的，他是从<u>学校宿舍</u>走的。

(2) _____ 。

我是<u>坐电车</u>去的，她是坐公共汽车去的。

(3) _____ 。

我和小英是<u>三点半</u>到的机场，金中一是第一个到的。

(4) _____ 。

安娜是跟<u>山本</u>一起去的。

(5) _____ 。

饼干和可乐是在<u>学校门口儿那家商店</u>买的。

4. Make the following sentences passive in meaning.

把下列各句改写成意义上的被动句。

例：我已经做完作业了。

<u>作业已经做完了。</u>

(1) 我写错名字了。

_____ 。

(2) 我办完事儿了。

_____ 。

(3) 你洗干净这些苹果了吗？

_____ 。

(4) 我已经带来上课用的书了。

_____ 。

(5)　你还了小说和杂志了吗？

_____ 。

汉字笔顺 (stroke order) 及练习

Radical

客	宀	、	丷	宀	宀	岁	灾	安	客	客
厅	厂	一	厂	厅	厅					
聊	耳	一	丆	冂	刂	耳	耴	耵	耶	
		聊	聊							
厨	厂	一	厂	厇	厈	厈	厨	厨	厨	厨
		厨	厨	厨						
帮	巾	一	二	三	丰	邦	邦	邦	帮	帮
平	一	一	一	一	立	平				
声	士	一	十	士	吉	声	声	声		
调	讠	、	讠	讠	订	订	询	调	调	调
		调								
忘	心	、	亠	亡	亡	忘	忘	忘		
水	水	丁	丬	水	水					
沙	氵	、	冫	氵	氵	沙	沙	沙		
拉	扌	一	扌	扌	扩	扩	扩	拉	拉	
端	立	、	二	立	立	立	立	立	端	端
		端	端	端	端	端				
气	气	丿	一	乞	气					
倒	亻	丿	亻	亻	仁	佢	佢	佢	倒	倒
		倒								
杯	木	一	十	才	木	杧	杯	杯	杯	
递	辶	、	丷	丷	兰	弟	弟	弟	弟	递

		递							
筷	竹	ノ	ノ	ゲ	ゲ	竹	竺	竻	符
		符	符	筷	筷				
味	口	丶	口	口	吐	叮	吽	味	
把	扌	一	丁	扌	扣	护	押	把	
饺	饣	ノ	彡	饣	饣	饣	饣	饮	饺
放	攵	丶	二	テ	方	扩	扩	放	放
相	木	一	十	才	木	机	机	相	相
够	勹	ノ	勹	勾	句	句	够	够	够
		够	够						
咸	口	一	厂	厂	后	咸	咸	咸	咸
淡	氵	丶	氵	氵	氵	沙	沙	淡	淡
		淡	淡						
酱	酉	丶	丬	丬	丬	丬	将	酱	酱
		酱	酱	酱	酱				
油	氵	丶	氵	氵	汩	汩	油	油	
盐	皿	一	十	土	扑	扑	盐	盐	盐
		盐							
爱	爪	ノ	乀	乀	爫	爫	爫	受	爱
		爱							

客									
厅									廳
聊									
厨									
帮									幫
平									
声									聲
调									調
忘									
水									
沙									
拉									
端									
气									氣
倒									
杯									
递									遞
筷									
味									
把									
饺									餃

放
相
够
咸
淡
酱
油
盐
爱

鹹

醬

鹽
愛

作业

1. Convert the following sentences into bǎ constructions.

    把下列句子改写成"把"字句：

    (1) 请拿走这些纸。

    _____

    (2) 山本没做完今天的作业。

    _____

    (3) 你告诉他那件事了吗？

    _____

    (4) 她数了数售货员找的钱。

    _____

    (5) 你快换一换衣服，我们要出发了。

    _____

    (6) 妈妈买的蛋糕我吃了。

    _____

    (7) 新买的词典你带来了吗？

    _____

    (8) 那支笔我想送给方小英。

    _____

2. Make bǎ type sentences with the items supplied.

    用所给的词语造"把"字句。

    (1) 课文　　　　　　　念

    _____

    (2) 衣服　　　　　　　洗

    _____

(3) 她做的菜 ____ 放

_____

(4) 老师的话 ____ 记

_____

(5) 今天的练习本子 ____ 交

_____

3. Fill in the blanks with <u>yìdiǎnr</u> or <u>yǒu yìdiǎnr</u> as appropriate.

用"一点儿"和"有一点儿"填空。

(1) 昨天他去公司办了_____事。

(2) 这个菜很好吃，你尝_____吧。不过，那个菜
_____淡，倒_____酱油，好吗？

(3) 老师说得_____快，我没听清楚。

(4) 今天过新年，大家都喝_____酒吧。

(5) 十二点了，他觉得_____饿，吃了_____
饼干。

(6) 他等了一小时，山本还没来，他_____着急了。

(7) 他只有_____钱，不能买那本最新的大词典。

4. Write the proper Chinese character in the blanks. Put the part common to them in the parentheses.

填空并写出每组共同的部分。

chú　　　　tīng

(1) ____房，客____ → (　　　　)

gāo   liào   táng

(2) 蛋____，饮____，____ (sugar) → (   )

cù   jiàng

(3) ____，____油 → (   )

bān   wán   xiàn

(4) 三____，开____笑，____在 → (   )

汉字笔顺 (stroke order) 及练习

Radical									
视	礻	丶	亅	礻	礻	初	初	视	视	
阴	阝	阝	阝	阳	阴	阴	阴	阴		
雨	雨	一	厂	厅	而	雨	雨	雨	雨	
报	扌	一	扌	扌	扩	护	报	报		
刚	刂	丨	冂	冈	冈	刚	刚			
度	广	丶	广	广	庐	庐	庐	度	度	度
雪	雨	一	广	广	雫	雫	雫	雫	雪	
		雪	雪							
暖	日	丨	日	日	日	旷	旷	旷	晔	晔
		晔	暖	暖	暖					
冬	夂	丿	夂	冬	冬	冬				
冷	冫	丶	冫	冮	冷	冷	冷			
刮	刂	一	二	千	舌	舌	刮	刮		
风	几	丿	几	凡	风					
夏	夂	一	一	丆	百	百	百	頁	夏	
		夏								
热	灬	一	扌	扌	扎	执	执	执	热	热
		热								
凉	冫	丶	冫	冫	广	六	冱	冱	凉	凉
		凉								
温	冫	丶	冫	冫	沪	沪	沪	温	温	温
		温	温	温						

字	部首							
秋 部	禾 阝	丶 / 部	二	千	禾	禾	禾	秋 / 秋
燥	火	丶 / 炉	丷 / �390	少 / 煜	火 / 焜	火 / 熅	炉 / 燁	炉 / 燥
春 更 潮	日 一 氵	一 / 一 / 渲	二 / 亠 / 漳	三 / 一 / 潮	声 / 一 / 潮	夫 / 百 / 潮	表 / 更 / 潮	春 / 更
湿	氵	丶 / 湿	氵 / 湿	氵 / 湿	氵	汨	汨	湿
伞 空 坏 修 理	人 穴 土 亻 王	丿 / 丶 / 一 / 丿 / 一 / 理	人 / 八 / 十 / 亻 / 二 / 理	仝 / 宀 / 土 / 仆 / 干	仚 / 宀 / 圠 / 仵 / 王	仐 / 空 / 圢 / 仳 / 丑	伞 / 空 / 坏 / 修 / 理	空 / 修 / 理
舒	人	丿 / 舍	人 / 舒	斤 / 舒	斥	车	舍	舒

视									視
阴									陰
雨									
报									報
刚									剛
度									
雪									
暖									
冬									
冷									
刮									颶
风									風
夏									
热									熱
凉									涼
温									
秋									
部									
燥									
春									
更									

潮湿傘空坏修理舒

濕傘 壞

作业

1. Complete the following sentences using the words or phrases supplied.

   用指定词语完成下列各组句子：

   (1) 夏天热，秋天凉快

   夏天比秋天_____。

   秋天比夏天_____。

   夏天没有秋天_____。

   秋天没有夏天_____。

   (2) 春天暖和，冬天冷

   春天比冬天_____。

   冬天比春天_____。

   春天没有_____。

   冬天没有_____。

   (3) 中国东部潮湿，中国西部干燥

   中国东部比西部_____。

   中国西部比_____。

   中国东部没有_____。

   中国西部没有_____。

   (4) 张老师说得快，谢老师说得慢

   张老师说得比谢老师_____。

   谢老师比_____。

   张老师没有谢老师_____。

   谢老师说得_____。

2. Using the example as a model, complete the following items.

请参照下例完成下列各题：

《英汉词典》：十四块五　　　《汉语小词典》：十五块九

《汉英词典》：二十三块七　　　便宜

《英汉词典》比《汉语小词典》<u>便宜一点儿</u>。

《英汉词典》比《汉语小词典》<u>便宜一块四</u>。

《英汉词典》比《汉英词典》<u>便宜得多</u>。

《英汉词典》比《汉英词典》<u>便宜九块二</u>。

(1)　一班有七个同学　　　二班有九个同学

　　　三班有十四个同学　　<u>少</u>

　　　一班的同学比二班＿＿＿＿＿＿＿＿＿＿＿＿＿＿＿＿＿＿＿＿。

　　　一班的同学比二班＿＿＿＿＿＿＿＿＿＿＿＿＿＿＿＿＿＿＿＿。

　　　一班的同学比三班＿＿＿＿＿＿＿＿＿＿＿＿＿＿＿＿＿＿＿＿。

(2)　坐地铁要二十分钟　　　坐汽车要二十三分钟

　　　骑自行车要一个小时　　<u>快</u>

　　　坐地铁比＿＿＿＿＿＿＿＿＿＿＿＿＿＿＿＿＿＿＿＿＿＿＿＿＿。

　　　坐地铁比＿＿＿＿＿＿＿＿＿＿＿＿＿＿＿＿＿＿＿＿＿＿＿＿＿。

　　　坐地铁比＿＿＿＿＿＿＿＿＿＿＿＿＿＿＿＿＿＿＿＿＿＿＿＿＿。

　　　坐地铁比＿＿＿＿＿＿＿＿＿＿＿＿＿＿＿＿＿＿＿＿＿＿＿＿＿。

(3)　中山同学在中国学习了十一个月

　　　山下同学在中国学习了十个月

　　　山本同学在中国学习了五个月　　<u>长</u>

　　　中山在中国的时间比山下同学＿＿＿＿＿＿＿＿＿＿＿＿＿＿＿＿。

　　　中山在中国的时间比山下同学＿＿＿＿＿＿＿＿＿＿＿＿＿＿＿＿。

　　　中山在中国的时间比山本同学＿＿＿＿＿＿＿＿＿＿＿＿＿＿＿＿。

　　　中山在中国的时间比山本同学＿＿＿＿＿＿＿＿＿＿＿＿＿＿＿＿。

3. Complete the following along the lines of the model.

    参照下例完成下列各题：

    例：山本 (用十分钟写完三十个字)

    　　安娜 (用十二分钟写完三十个字)

    　　马丁 (用十三分钟写完三十个字)

    　　山本<u>写字写得很慢</u>。

    　　安娜<u>写字写得更慢</u>。

    　　马丁<u>写字写得最慢</u>。

    (1) 张老师 (七点四十来)　　王老师 (七点二十来)

    　　谢老师 (七点来)

    　　张老师＿＿＿＿＿＿＿＿＿＿＿＿＿＿＿＿＿＿＿＿＿＿＿＿＿＿。

    　　王老师＿＿＿＿＿＿＿＿＿＿＿＿＿＿＿＿＿＿＿＿＿＿＿＿＿＿。

    　　谢老师＿＿＿＿＿＿＿＿＿＿＿＿＿＿＿＿＿＿＿＿＿＿＿＿＿＿。

    (2) 夏天的时候北方 (28°C–33°C) 中部 (29°C–35°C)

    　　南方 (30°C–37°C)

    　　北方＿＿＿＿＿＿＿＿＿＿＿＿＿＿＿＿＿＿＿＿＿＿＿＿＿＿＿＿。

    　　中部＿＿＿＿＿＿＿＿＿＿＿＿＿＿＿＿＿＿＿＿＿＿＿＿＿＿＿＿。

    　　南方＿＿＿＿＿＿＿＿＿＿＿＿＿＿＿＿＿＿＿＿＿＿＿＿＿＿＿＿。

    (3) 小丁 (修理电视只用四十分钟)　　小马 (用三十分钟)

    　　小张 (用二十分钟)

    　　小丁＿＿＿＿＿＿＿＿＿＿＿＿＿＿＿＿＿＿＿＿＿＿＿＿＿＿＿＿。

    　　小马＿＿＿＿＿＿＿＿＿＿＿＿＿＿＿＿＿＿＿＿＿＿＿＿＿＿＿＿。

    　　小张＿＿＿＿＿＿＿＿＿＿＿＿＿＿＿＿＿＿＿＿＿＿＿＿＿＿＿＿。

汉字笔顺 (stroke order) 及练习

	Radical								
结	纟	㇜	纟	纟	纟	纠	纩	纩	结	结
束	木	一	ㄷ	三	旦	束	束	束		
考	十	一	十	土	少	考	考			
怕	忄	丶	刂	忄	忄	忙	怕	怕	怕	
试	讠	丶	讠	计	计	计	试	试	试	
虎	虍	丨	丶	𠂆	卢	卢	虍	虎	虎	
夜	亠	丶	亠	广	广	疒	夜	夜		
成	戈	一	厂	厉	成	成	成			
绩	纟	㇜	纟	纟	纩	纩	纠	绀	绀	绩
		绩	绩							
满	氵	丶	氵	氵	汢	汫	满	满	满	
		满	满	满	满					
感	心	一	厂	厂	厂	咸	咸	咸	咸	
		咸	感	感	感					
冒	日	丶	冂	冃	冃	冐	冒	冒	冒	冒
疼	疒	丶	二	广	广	疒	疒	疼	疼	
		疼								
烧	火	丶	丷	少	火	炒	炒	烧	烧	烧
		烧								
法	氵	丶	氵	氵	汇	汁	注	法	法	
重	丿	一	二	千	盲	盲	盲	重	重	重
奖	大	丶	丶	爿	爿	爿	妆	奖	奖	奖

								結
結								
束								
考								
怕								試
試								
虎								
夜								
成								
績								績
滿								滿
感								
冒								
疼								
燒								燒
法								
重								
奖								獎

作业

1. Answer the following questions.

    回答下列问题。

    (1) 如果每课有四十个生词，你记得住记不住？

    _____ 。

    (2) 上课的时候，老师说的话你都听得懂吗？

    _____ 。

    (3) 每课的练习，你用十分钟做得完做不完？

    _____ 。

    (4) 每课的汉字，如果不练习，你写得好写不好？

    _____ 。

    (5) 如果学习成绩不好，拿得到奖学金吗？

    _____ 。

2. These sentences should employ the yī … jiù … pattern. Please complete them.

    完成下列"一……就……"格式的句子。

    (1) 他一发烧，_____ 。

    (2) 我一紧张，_____ 。

    (3) 一拿到奖学金，_____ 。

    (4) 考试一结束，_____ 。

    (5) 一下大雪，_____ 。

    (6) _____，他就开夜车。

    (7) _____，我就好好地睡个觉。

    (8) _____，他就看电视了。

    (9) _____，我们就去公园划船。

3. Fill the blank with an appropriate preposition. Those we have studied include <u>gěi</u>, <u>zài</u>, <u>gēn</u>, <u>cóng</u>, and <u>lí</u>.

请填上一个介词（学过的介词有：给，在，跟，从，离）

(1) 如果你明天不能来考试，你应该_____老师打个电话。

(2) 那个公园_____这儿很远，坐车去还可以，走着去不行。

(3) 星期日你_____我们一起去公园划船，好不好？

(4) 房间里的空调坏了，房间里边儿_____外边儿一样热。

(5) 我弟弟现在正在学习中文，我_____他买了一本汉英词典。

(6) 他常常_____图书馆做作业，不喜欢在宿舍做。

(7) 我_____家里到学校，要走二十分钟。

4. Write the proper Chinese character in the blanks. Put the common part to them in the parentheses.

填空并写出每组共同的部分。

       jing   liáng   lěng   cì

(1) 干_____，_____快，_____ (cold)，三_____ → (　　　)

       xuě   líng

(2) 下_____，_____ (zero) → (　　　)

       hou   xiū

(3) 时_____，_____理 → (　　　)

       zhàn   duān

(4) 总_____，_____菜 → (　　　)

zào   shāo

(5) 干＿＿＿，发＿＿＿ → （   ）

chuān   kōng

(6) ＿＿＿衣服，＿＿＿调 → （   ）

piào   yào

(7) 定＿＿＿，重＿＿＿ → （   ）

汉字笔顺（stroke order）及练习

Radical

字	部首								
联	耳	一	厂	厅	厅	耳	耳	耳	耶	耶
		联	联	联					
布	一	一	ナ	オ	右	布			
置	罒	丶	冖	罒	罒	罒	罒	罒	严	罟
		胃	胃	置	置				
椅	木	一	十	才	木	木	朽	村	桍	椅
		椅	椅	椅					
摆	扌	一	扌	扌	扩	扩	押	押	押	押
		摆	摆	摆	摆				
搬	扌	一	扌	扌	扩	扩	抈	掮	掮	搁
		搬	搬	搬	搬				
录	水	フ	ヲ	ヨ	寻	寻	寻	录	录	
黑	黑	丶	冖	罒	罒	罒	罒	里	里	里
		黑	黑	黑					
板	木	一	十	才	木	朾	杤	板	板	
擦	扌	一	扌	扌	扩	扩	扩	护	护	护
		护	护	揅	揅	擦	擦	擦	擦	
目	目	丨	冂	円	月	目				
表	一	一	二	十	主	表	麦	表	表	
演	氵	丶	氵	氵	氵	汇	泸	泸	泸	泻
		泻	演	演	演	演				
挂	扌	一	十	才	扌	扑	扗	挂	挂	挂

改	攵	乛	𠃌	己	己	改	改	改	
弹	弓	乛	𠃌	弓	弓	弹	弹	弹	弹
		弹	弹						
吉	士	一	十	士	吉	吉	吉		
跳	足	丶	口	口	足	跳	跳	跳	跳
		跳	跳	跳	跳				
舞	丿	丿	二	二	二	無	無	無	無
		舞	舞	舞	舞	舞			
讲	讠	丶	讠	讠	讲	讲			
孩	子	乛	了	子	孩	孩	孩	孩	孩
病	疒	丶	广	广	病	病	病	病	病
		病							
聪	耳	一	丆	耳	耳	耳	耳	耳	耳
		聪	聪	聪	聪	聪	聪		
故	攵	一	十	古	古	故	故	故	故
或	戈	一	二	口	或	或	或	或	
者	曰	一	十	土	者	者	者	者	者

联									聯
布									佈
置									
椅									
摆									擺
搬									
录									錄
黑									
板									
擦									
目									
表									
演									
挂									掛
改									
弹									彈
吉									
跳									
舞									
讲									講
孩									

病聪故或者

聪

作业

1. Convert the following questions into choice type questions, using <u>háishì</u>.

   将下列各题改为用"还是"的疑问句。

   例：山本在哪儿学中文？

   　　山本是在家学中文还是在学校学中文？

   (1) 我们的联欢会什么时候开？

   _____?

   (2) 你们班在联欢会上表演了什么节目？

   _____?

   (3) 明天的天气怎么样？

   _____?

   (4) 谁说要把椅子重新摆一摆？

   _____?

   (5) 坐什么车到学校来比较快？

   _____?

   (6) 他们想在哪儿照相？

   _____?

2. Fill in the blanks with <u>háishì</u> or <u>huòzhě</u> as appropriate.

   填空。用"还是""或者"填入适当的空格里：

   (1) 在学校吃饭方便，_____在外边吃饭方便？

   (2) 中国的南方干燥，_____北方干燥？

   (3) 刮风_____下雨都得上学。

   (4) 你到南湖公园去，坐公共汽车快，_____坐地铁快？

   (5) 南湖公园离这儿不远，走二十分钟_____半个小时就
      到了。

(6) 你随便点吧！家常豆腐＿＿＿＿＿＿辣子鸡丁我都爱吃。

(7) 今天下午你想去看电影，＿＿＿＿＿＿想去游泳？

(8) 学生借书＿＿＿＿＿＿还书都得去图书馆。

(9) 打这个电话号码＿＿＿＿＿＿打那个电话号码都找得到他。

(10) 你买的是英汉词典，＿＿＿＿＿＿汉英词典？

3. Complete the dialogues below, using <u>bǎ</u> construction sentences.

用"把"字句完成下列对话：

(1) A：你把事办好了吗？

     B：＿＿＿＿＿＿＿＿＿＿＿＿＿＿＿＿＿＿＿＿。

(2) A：他把我的本子放到哪儿了？

     B：＿＿＿＿＿＿＿＿＿＿＿＿＿＿＿＿＿＿＿＿。

(3) A：他是谁？请把＿＿＿＿＿＿＿＿＿＿＿＿＿＿＿＿。

     B：他叫山本。

(4) A：别让你朋友总(是)站着，快把＿＿＿＿＿＿＿＿＿＿。

     B：好，我马上去把椅子搬来，让他坐下。

(5) A：你带照相机了吗？放在哪儿了？

     B：＿＿＿＿＿＿＿＿＿＿＿＿＿＿＿＿＿＿＿＿。

(6) A：录音机放在这儿，好不好？

     B：＿＿＿＿＿＿＿＿＿＿＿＿＿＿＿＿＿＿＿＿。

(7) A：这是我的书，别把＿＿＿＿＿＿＿＿＿＿＿＿＿＿。

     B：我只看一下，不带回家。

(8) A：这是我的秘密，不要＿＿＿＿＿＿＿＿＿＿＿＿＿。

     B：别担心！我当然不会把它告诉别人。

(9) A：弟弟出去打球以前把作业做完了吗？

     B：＿＿＿＿＿＿＿＿＿＿＿＿＿＿＿＿＿＿，就出去打球了。

汉字笔顺（stroke order）及练习

Radical

	Radical								
旅	方	丶	亠	宀	方	方	扩	旅	旅
		旅							
愉	忄	丶	忄	忄	忄	忄	忄	愉	愉
		愉	愉	愉					
算	竹	丿	竹	竹	竿	竿	筲	笪	筲
		笪	笪	笪	算	算			
火	火	丶	丷	少	火				
飞	乙	乙	飞	飞					
准	冫	丶	冫	冫	亻	亻	汁	汁	准
		准							
备	夂	丿	勹	夂	冬	各	备	备	
久	丿	丿	勹	久					
李	木	一	十	才	木	本	李	李	
收	夊	丨	丩	屮	屰	收	收		
拾	扌	一	十	扌	扒	扒	拾	拾	拾
茶	艹	一	十	艹	艹	艾	苃	茶	茶
叶	口	丨	冂	口	叮	叶			
丝	一	丶	纟	纠	纠	丝			
衬	衤	丶	刁	礻	礻	衤	衬	衬	
衫	衤	丶	刁	礻	礻	衤	衫	衫	衫
主	丶	丶	二	二	主	主			

签	竹	ノ	↑	ト	⺮	⺮	竹	竺	笂	笅
		筌	筌	签	签					
证	讠	丶	讠	讧	订	讦	证			
手	手	一	二	三	手					
续	纟	㇜	乡	纟	纪	纴	结	续	续	
		续	续							
麻	麻	丶	二	广	广	庁	庐	庐	麻	
		麻	麻							
烦	页	丶	丷	火	火	灯	灯	烦	烦	
		烦								
址	土	一	十	土	圵	圵	址			
留	田	丿	匚	卬	卯	留	留	留	留	
		留								
惜	忄	丶	⺍	忄	忙	忙	惜	惜	惜	
		惜	惜							
海	氵	丶	冫	氵	汇	汇	泹	海	海	海
		海								
京	一		二	亠	产	产	京	京	京	

Full Script

旅										
愉										
算										
火										
飞										飛
准										準
备										備
久										
李										
收										
拾										
茶										
叶										葉
丝										絲
衬										襯
衫										
主										
签										簽
证										証
手										
续										續

麻
烦
址
留
惜
海
京

煩

作 业

1. Complete the following dialogues.

   完成对话。

   (1) A：小马在家吗？

   　　B：他出_____了，不在家。

   　　A：他什么时候回_____？六点半回得来回不来？

   　　B：六点半回_____，七点以后能回来。

   (2) A：那本词典你买_____了吗？

   　　B：没有，我去了很多书店，都买_____。

   　　A：为什么买不着？

   　　B：那些书店都卖_____了。

   (3) A：生词太多，我今天复习_____。如果复习不完，那么明
   　　　 天一定考_____。

   　　B：我觉得你今天一定能复习_____，明天也一定能考
   　　　 _____。

   (4) A：这次考试你考得怎么样？

   　　B：时间不够，我没写_____。

   　　A：为什么？考的东西太多了吗？

   　　B：不是，学过的东西太多了，我记_____。

   (5) A：黑板上的字，你看_____看_____？

   　　B：我看_____。

   　　A：为什么看不清楚？

   　　B：我离黑板太远了，如果我坐得近一点儿，就能看_____
   　　　 了。

2. Fill in the blanks with an appropriate preposition.

　　填介词：

(1) 今天中午你_____图书馆复习，还是_____宿舍复习？

(2) 如果你去书店，_____我买一本《新英汉词典》来，行吗？

(3) 这本小说我是_____山本那儿借来的。

(4) 星期五晚上你_____我打个电话，好吗？

(5) 请你_____那支笔递给我，我_____她的电话号码记一下儿。

(6) 这儿的夏天_____我们那儿一样热。

(7) 北方的冬天_____南方冷得多，你去北方得多带一点儿衣服。

(8) 火车_____船快，可是比飞机慢得多了。

(9) 我是_____家里坐电车来的，_____假日饭店那个站下的车。

(10) 那个大商场_____我们学校不太远，我常常_____同学一起去那儿买东西。

(11) 南湖公园_____我家只有两站，我坐公共汽车去非常方便。

3. Add <u>le</u> at the appropriate places.

　　请在适当的地方加上"了"：

(1) 冬天一过去，春天就来。

(2) 那本书我已经买，可是还没看呢！

(3) 昨天中午我们一起去书店，他买三本杂志，我只买了一本小说。

(4) 前天晚上他不在家，去看电影。

(5) 昨天下课以后，你去哪儿？回家还是去图书馆？

(6) 他感冒好，可以上学。

(7) 昨天晚上我妹妹发烧，睡一夜，今天早上已经不发烧。

(8) 上星期日，我和几个好朋友出去玩儿，去很多地方。

4. Supply the appropriate measure word.

    填量词：

(1) 两＿＿＿＿老师   (2) 六＿＿＿＿教室

(3) 几＿＿＿＿问题   (4) 五＿＿＿＿照片

(5) 一＿＿＿＿照相机   (6) 十二＿＿＿＿汉字

(7) 几＿＿＿＿行李   (8) 一＿＿＿＿小事儿

(9) 三＿＿＿＿朋友   (10) 二十五＿＿＿＿纸

(11) 一＿＿＿＿游泳池   (12) 四＿＿＿＿衬衫

(13) 两＿＿＿＿鞋   (14) 两＿＿＿＿雨伞

(15) 一＿＿＿＿秘密   (16) 三＿＿＿＿饭馆儿

(17) 两＿＿＿＿弟弟   (18) 一＿＿＿＿礼物

(19) 八＿＿＿＿笔   (20) 几＿＿＿＿船

(21) 一＿＿＿＿机会   (22) 两＿＿＿＿黑板

(23) 几＿＿＿＿桌子   (24) 七＿＿＿＿椅子

(25) 一＿＿＿＿故事   (26) 两＿＿＿＿电影院

(27) 一＿＿＿＿歌儿   (28) 十五＿＿＿＿饺子

(29) 十二＿＿＿＿日   (30) 四＿＿＿＿星期

(31) 十＿＿＿＿小时   (32) 五＿＿＿＿火车站

(33) 两＿＿＿＿蛋糕   (34) 三＿＿＿＿课

(35) 几＿＿＿＿小说   (36) 一＿＿＿＿菜单

(37) 八_____节目   (38) 一_____奖学金

(39) 三_____商店   (40) 一_____主意

(41) 五十九_____钱   (42) 两_____筷子

(43) 两_____(车)站   (44) 一_____客厅

(45) 四_____房间   (46) 三_____体育馆

5. Write the proper Chinese character in the blanks. Put the part common
    to them in the parentheses.

    填空并写出每组共同的部分。

        liáo   lián   cōng

(1) ____天儿， ____欢， ____明 → (   )

        lù   tiào   gēn

(2) 迷____， ____舞， ____ (with) → (   )

        zhāng   tán

(3) 紧____， ____吉他 → (   )

        téng   bìng

(4) 头____， ____ (illness) → (   )

        lǚ   fàng

(5) ____行， ____假 → (   )

        yǐng   shān

(6) 电____， 衬____ → (   )